التطويبات

السعي الى كمال حياة المسيح ضد الثقافة السائدة

بقلم

رام كريشنامورثي

التطويبات

السعي الى كمال حياة المسيح ضد الثقافة السائدة

بقلم

رام كريشنامورثي

ORLANDO, FLORIDA

ISBN:
978-1-954858-90-9 غلاف ورقي
978-1-954858-91-6 الكتاب الإلكتروني

Proclaim Publishers
1317 Edgewater Drive, Suite 4774, Orlando, FL, 32804
proclaimpublishers.com

الترجمة الكتابية المستخدمة: كتاب الحياة

الطباعة الأولى: مارس 2026
تم تصنيعه في الولايات المتحدة الأمريكية

إلى الإله والمخلّص الوحيد يسوع المسيح، الذي لم ينطق بالتطويبات فقط
وعشها إلى الكمال، بل يوجّه أيضًا هذه الدعوة المحبّة

تَعَالَوْا إِلَيَّ يَا جَمِيعَ الْمُتْعَبِينَ وَالثَّقِيلِي الأَحْمَالِ، وَأَنَا أُرِيحُكُمْ. اِحْمِلُوا نِيرِي
عَلَيْكُمْ وَتَعَلَّمُوا مِنِّي، لأَنِّي وَدِيعٌ وَمُتَوَاضِعُ الْقَلْبِ، فَتَجِدُوا رَاحَةً لِنُفُوسِكُمْ.
لأَنَّ نِيرِي هَيِّنٌ وَحِمْلِي خَفِيفٌ

متّى ١١ : ٢٨ـ٣٠

وادي الرؤيا (صلاة قديمة)

يا رب، العالي القدوس، الوديع المتواضع، لقد أتيتَ بي إلى وادي الرؤيا

حيث أعيش في الأعماق لكنني أراك في العُلى؛ محاطًا بجبال الخطية أعاين مجدك

دعني أتعلم بالمفارقة
أن الطريق إلى الأسفل هو الطريق إلى الأعلى،
وأن أكون منخفضًا هو أن أكون مرفوعًا،
وأن القلب المنكسر هو القلب المُشفى،
وأن الروح المنسحقة هي الروح المتهللة،
وأن النفس التائبة هي النفس الغالبة،
وأن لا أملك شيئًا هو أن أمتلك كل شيء، وأن حمل الصليب هو لبس الإكليل،
وأن العطاء هو الأخذ،
وأن الوادي هو موضع الرؤيا

يا رب، في وضح النهار يمكن رؤية النجوم من أعمق الآبار، وكلما كانت الآبار أعمق أشرق نور نجومك أكثر؛

دعني أجد نورك في ظلمتي،
وحياتك في موتي،
وفرحك في حزني،
ونعمتك في خطيتي،
وغناك في فقري،
ومجدك في واديَّ

المحتويات

المقدمة

هذا الكتاب تكتشف ماهية التطويبات في خضم السعي وراء الحياة المضادة للثقافة التي عاشها المسيح إلى الكمال للمؤلف رام كريشنامورثي، الذي يشارك خلفيته الشخصية من التحول من الهندوسية إلى المسيحية، ويشاركنا ايضاعلى حياته كراعٍ في كنيسة النعمة الكتابية بكندا.

-من خلال هذا الكتاب نتعمق في التطويبات اعتمادا على الانجيل (متى 5:3-12) كدعوة لأسلوب حياة مضاد للثقافة، يتحدى قيم العالم مثل القوة والأنانية، ويعكس شخصية المسيح. التطويبات ليست وسيلة للخلاص بل وصف لحياة المخلَّصين بالنعمة، تشمل بركة، صفة، ووعد، مع التركيز على "طوبى" كرضا إلهي و"ملكوت السماوات" كحاضر ومستقبلي..

-وينقلنا الكاتب من خلال التطويبة الأولى والثانية: في "طوبى للمساكين بالروح" (متى 5:3)، يُبرز الاعتماد الكامل على الله كمفتاح الملكوت، مع أمثلة مثل مثل الفريسي والعشار، ودعوة للحياة اليومية المتواضعة. أما "طوبى للحزانى" (متى 5:4)، فتدعو إلى حزن إلهي على الخطية يؤدي إلى توبة وتعزية، مقابل الحزن العالمي، مع التمييز بينهما كما في قصص يهوذا وبطرس.

-وحين نتناول التطويبات الثالثة إلى الخامسة: "طوبى للودعاء" (متى 5:5) تعني قوة تحت السيطرة، كما في يسوع وكوري تين بوم، ليرثوا الأرض. "طوبى للجياع والعطاش إلى البر" (متى 5:6) تدعو إلى رغبة مستمرة في البر العملي، مع أمثلة من عظة الجبل وكوري تين بوم. "طوبى للرحماء" (متى 5:7) تؤكد الرحمة كاستجابة لرحمة الله، مع تحذير من مثل العبد القاسي.

-ونختتم بالتطويبات السادسة إلى الثامنة: "طوبى لأنقياء القلب" (متى 5:8) تركز على ولاء غير منقسم لله، مع مبادئ للحفاظ على النقاء. "طوبى لصانعي السلام" (متى 5:9) تصف ثماني سمات لصانعي السلام كأبناء الله. "طوبى للمضطهدين" (متى 5:10-12) تُشجع على الفرح في المعاناة من أجل البر، مع أمثلة مثل ويليام بوردن.

نتمى لكم نعمة معرفية عالية من رب البر وملك السلام من خلال هذا الكتاب الممتع.

د.احمد قحطان
3/3/2026
الولايات المتحدة الامريكية

ملاحظة من المؤلف

لماذا هذا الكتاب ولماذا الآن؟

كل جيل يواجه تحدياته الخاصة في اتباع يسوع. وبالنسبة للمؤمنين اليوم، فإن من أعظم هذه التحديات الضغط الخفي — وأحيانًا غير الخفي لكنه دائم الحضور — للتوافق مع قيم العالم بدلًا من عيش قيم ملكوت الله. ومع ذلك، فهذه ليست ظاهرة جديدة. فعبر التاريخ، ارتفعت أصوات تعارض علنًا طريق المسيح.

ومن أشهر تلك الأصوات ما ظهر سنة ١٨٨٨، عندما نشر فيلسوف ألماني عملًا استفزازيًا معاديًا للمسيحية بعنوان «المسيح الدجال». وفيه يطرح ويجيب عن أسئلة مثل:

السؤال: «ما هو أكثر ضررًا من أي رذيلة؟»
الجواب: «التعاطف الفعّال مع الضعفاء والمعتلّين — المسيحية.»

وقد عرّف الخير بأنه «كل ما يعزّز الإحساس بالقوة، وإرادة القوة، والقوة ذاتها في الإنسان»، وعرّف الشر بأنه «كل ما ينبع من الضعف». فبالنسبة إليه، كانت القوة والسيطرة والتعطش للسلطة فضائل حقيقية، بينما التواضع والرحمة والوداعة علامات ضعف وفشل.

وللأسف، لا يزال كثيرون في عالمنا الحديث يردّدون طريقة التفكير هذه. فثقافة اليوم تمجّد الاكتفاء الذاتي، والقوة الشخصية، والتعبير عن الذات، وتحقيق الذات، بينما يُتجنّب الضعف ويُحتقر التواضع باعتباره فشلًا.

لكن يسوع قلب كل شيء رأسًا على عقب في الكلمات الافتتاحية لأشهر عظة ألقاها — والتي تُعرف غالبًا بعظة الجبل، والمُسجّلة في متّى الأصحاحات ٥ إلى ٧.

في هذه الكلمات المذهلة — المعروفة باسم التطويبات (متّى ٥ : ٣-١٢) — يعلن يسوع بوضوح أن المباركين ليسوا المتكبرين ولا الأقوياء ولا المكتفين بأنفسهم، بل المساكين بالروح، والودعاء، والرحماء، والمطرودين. وبذلك يدعونا إلى أسلوب حياة مضادّ جذريًا لثقافة العالم، يصطدم بقيمه ويعيد تعريف معنى البركة الحقيقية.

وعلى ضوء ذلك، فبدلًا من أن نمتصّ قيم هذا العالم، يدعونا يسوع أن نتميّز عنه وأن نعكس شخصيته وتواضعه وقلبه في عالم يمجّد عكس ذلك. هذا هو جوهر التطويبات. فهي ليست مجرد مُثُل عُليا أو أهداف أخلاقية، بل هي اتجاهات القلب التي تشكّل الحياة اليومية لكل من ينتمي إلى ملكوته. إنها العلامات المميّزة للتلميذ الحقيقي ليسوع، صفات تُشكّلها النعمة ويحوّلها الروح القدس.

كُتب هذا الكتاب ليذكّرنا بما يعنيه حقًا أن نتبع يسوع في عالم يضغط علينا باستمرار وبشدة لننصهر في قالبه. إنه لزمن كهذا — دعوة لعيش الحياة المضادّة للثقافة التي يدعونا يسوع لنسلك فيها.

سيساعدنا هذا الكتاب أن نُبطئ خطواتنا ونصغي حقًا لما يقوله يسوع في متّى ٥ : ٣-١٢، ليس بعقولنا فقط بل بقلوبنا أيضًا. إنه يدعونا ألا نمرّ سريعًا على عبارات «طوبى لـ...»، بل أن نجلس معها، ونتصارع معها، وبنعمة الله نسمح لها أن تعيد تشكيل طريقة تفكيرنا ومحبتنا وعيشنا.

يركّز كل فصل على واحدة من التطويبات الثماني. وخلال الرحلة، سنستكشف كيف تتحدّى هذه الاتجاهات المضادّة للثقافة افتراضات عالمنا، وتكشف نوع الحياة التي تقود إلى البركة الحقيقية، سواء في الأبدية أو هنا والآن.

في نهاية كل فصل ستجد:

آية كتابية للتأمل والحفظ.
صلاة.
أسئلة للنقاش تساعدك على تطبيق ما قرأت.

كُتب هذا الكتاب بقصد أن يكون قابلًا للاستخدام بطرق متنوعة. يمكنك استخدامه في خلواتك الشخصية، أو في دراسات المجموعات الصغيرة، أو في التلمذة الفردية. كما قد يجده الرعاة مفيدًا عند الوعظ في التطويبات.

ويمكنك أيضًا مشاركة هذا الكتاب مع شخص لم يصبح مسيحيًا بعد لكنه منفتح لاستكشاف الإيمان. وإن كنت أنت هذا الشخص، فأنا سعيد بشكل خاص أنك تقرأ. صلاتي أن تساعدك هذه الدراسة على رؤية جمال الحياة التي يدعوك يسوع إليها، وكذلك استحالة عيشها بقوتك الخاصة.

وأثناء دراستك لهذا الكتاب، أرجو أن ترى كيف أن يسوع وحده عاش هذه الحياة بالكمال. لذلك فهو يدعوك ليس فقط أن تقتدي به، بل أولًا وقبل كل شيء أن تثق به، بأن ترجع عن طريقك الخاطئ وتسلّم حياتك له بتوبة وإيمان.

لكن لا تحتاج أن تنتظر إلى نهاية هذا الكتاب لتستجيب لدعوة يسوع المحبّة. حتى الآن يمكنك أن تأتي كما أنت، بالإيمان. يمكنك أن تختبر الغفران الحقيقي الذي يقدّمه لكل خطاياك من خلال موته وقيامته المجيدة.

يمكنك أنت أيضًا أن تبدأ السعي وراء هذه الحياة المضادّة للثقافة بعمل الروح القدس القوي، الذي يأتي ليسكن في كل من يأتي حقًا إلى يسوع بشروطه: بتوبة صادقة وإيمان حقيقي.

وسواء كنت تستكشف الإيمان للمرة الأولى أو كنت تتبع يسوع منذ سنوات طويلة، فإن القلب الذي يرضيه هو نفسه: قلب متواضع يعتمد عليه ويتوق أن يعيش كما عاش هو.

لست بحاجة إلى أن تكون عالمًا أو عملاقًا روحيًا لتستفيد من هذا الكتاب. كل ما تحتاجه هو قلب يقول ببساطة: «يا رب يسوع، أريد أن أعيش مثلك.» صلاتي أن توقظ هذه الصفحات هذا الشوق بعمق أكبر في داخلك، وأنه بينما تسير في رحلة التطويبات، لا تفهمها بوضوح أكبر فحسب، بل تعيشها بقصد أعظم بقوة الروح القدس الساكن فيك. وفوق كل شيء، ليزدَد حبك ليسوع غنىً وقوةً مع كل خطوة.

وإذ نقلب الصفحة ونستعد للسير في كل تطويبة، فلنتوقف أولًا لنتأمل بعض الحقائق الأساسية التي ستساعدنا أن نقترب من كلمات يسوع هذه بفهم واتضاع.

يرجى الملاحظة: هذا الكتاب غير خاضع لحقوق الطبع. لا حاجة لذكر اسم المؤلف. يمكنك استخدام محتواه أو تعديله أو مشاركته بحرية — بحسب ما يقودك الرب.

ليستخدمه الرب كما يشاء لبناء ملكوته، وبركة شعبه، وجذب قلوب كثيرة إليه.

لمجده وفرحك،
رام كريشنامورثي

المقدمة

الاقتراب من التطويبات — بعض الحقائق الأساسية التي ينبغي التأمل فيها

قبل أن نتأمل عدة حقائق أساسية لتفسير التطويبات، قد يفيدنا أن نقرأ كلمات يسوع من جديد، ببطء وانتباه، لنسمع دعوتها المغيّرة للحياة.

الكلمات المغيّرة للحياة التي نطق بها يسوع — متّى ٥ : ٣ـ١٢

«طُوبَى لِلْمَسَاكِينِ بِالرُّوحِ، لأَنَّ لَهُمْ مَلَكُوتَ السَّمَاوَ.
طُوبَى لِلْحَزَانَى، لأَنَّهُمْ يَتَعَزَّوْنَ.
طُوبَى لِلْوُدَعَاءِ، لأَنَّهُمْ يَرِثُونَ الأَرْضَ.
طُوبَى لِلْجِيَاعِ وَالْعِطَاشِ إِلَى الْبِرِّ، لأَنَّهُمْ يُشْبَعُونَ.
طُوبَى لِلرُّحَمَاءِ، لأَنَّهُمْ يُرْحَمُونَ.
طُوبَى لأَنْقِيَاءِ الْقَلْبِ، لأَنَّهُمْ يُعَايِنُونَ الله.
طُوبَى لِصَانِعِي السَّلاَمِ، لأَنَّهُمْ أَبْنَاءَ اللهِ يُدْعَوْنَ.
طُوبَى لِلْمَطْرُودِينَ مِنْ أَجْلِ الْبِرِّ، لأَنَّ لَهُمْ مَلَكُوتَ السَّمَاوَ.

طُوبَى لَكُمْ إِذَا عَيَّرُوكُمْ وَطَرَدُوكُمْ وَقَالُوا عَلَيْكُمْ كُلَّ كَلِمَةِ سُوءٍ، مِنْ أَجْلِي، كَاذِبِينَ.

اِفْرَحُوا وَتَهَلَّلُوا، فَإِنَّ أَجْرَكُمْ عَظِيمٌ فِي السَّمَاوَاتِ، فَهَكَذَا طَرَدُوا الأَنْبِيَاءَ الَّذِينَ كَانُوا قَبْلَكُمْ.»

هذه ليست مجرد كلمات شعرية. إنها الصوت القوي المغير للحياة الصادر من مخلّصنا. إنها كلمات بركة تُقال لأولئك الذين يسعون أن يعيشوا بحسب قيم ملكوته.

حقيقة أساسية يجب تذكّرها

منذ البداية، من الضروري أن ندرك هذه الحقائق التأسيسية:

التطويبات لا تُعطى لتصف كيفية نيل الخلاص.

بل تصف أسلوب حياة الذين خَلُصوا بالفعل بنعمة الله.

يؤكد الكتاب المقدس بوضوح أننا نخلص بالنعمة وحدها، بالإيمان بيسوع المسيح.

أفسس ٢ : ٨ـ١٠ ــ «فَإِنَّكُمْ بِالنِّعْمَةِ مُخَلَّصُونَ، بِالإِيمَانِ، وَذَلِكَ لَيْسَ مِنْكُمْ، هُوَ عَطِيَّةُ اللهِ، لَيْسَ مِنْ أَعْمَالٍ، كَيْلَا يَفْتَخِرَ أَحَدٌ. لأَنَّنَا نَحْنُ عَمَلُهُ، مَخْلُوقِينَ فِي الْمَسِيحِ يَسُوعَ لأَعْمَالٍ صَالِحَةٍ قَدْ سَبَقَ اللهُ فَأَعَدَّهَا لِكَيْ نَسْلُكَ فِيهَا.»

تيطس ٣ : ٥ـ٦ ــ «خَلَّصَنَا، لَا بِأَعْمَالٍ فِي بِرٍّ عَمِلْنَاهَا نَحْنُ، بَلْ بِمُقْتَضَى رَحْمَتِهِ، بِغُسْلِ الْمِيلَادِ الثَّانِي وَتَجْدِيدِ الرُّوحِ الْقُدُسِ، الَّذِي سَكَبَهُ عَلَيْنَا بِغِنًى، بِيَسُوعَ الْمَسِيحِ مُخَلِّصِنَا.»

لو كان الخلاص أمرًا يمكننا أن نكسبه، لكان موت يسوع على الصليب غير ضروري. وكان ذلك سينقض الشهادة الواضحة للكتاب المقدس أن الخلاص يأتي فقط بالإيمان بالمسيح.

أعمال ٤ : ١٢ ــ «وَلَيْسَ بِأَحَدٍ غَيْرِهِ الْخَلَاصُ، لأَنَّهُ لَيْسَ اسْمٌ آخَرُ تَحْتَ السَّمَاءِ، قَدْ أُعْطِيَ بَيْنَ النَّاسِ، بِهِ يَنْبَغِي أَنْ نَخْلُصَ.»

منذ سفر التكوين فصاعدًا، يعلن الكتاب المقدس باستمرار أن الخطاة يخلصون بالإيمان من خلال دم مسفوكٍ لبديل ــــ مشيرًا في النهاية إلى يسوع، حمل الله الذي يرفع خطية العالم (يوحنا ١ : ٢٩؛ ١ بطرس ١ : ١٨-١٩). ومن أمثلة أخرى: تكوين ١٥ : ٦، رومية ٣ : ٢٥-٢٦، عبرانيين ٩ : ١١-١٤، ٢٢، وعبرانيين ١٠ : ١-٤، ١٠-١٢.

إذًا، لا، التطويبات لا تعلّم طريق الخلاص.

غير أن الكتاب المقدس يعلن أيضًا مرارًا أن الذين خَلُصوا حقًا بالنعمة بالإيمان سيحيون حتمًا حياة متغيرة.

متَّى ٣ : ٨ — «فَأَثْمِرُوا أَثْمَارًا تَلِيقُ بِالتَّوْبَةِ.»

أفسس ٢ : ١٠ — «لِأَنَّنَا نَحْنُ عَمَلُهُ، مَخْلُوقِينَ فِي الْمَسِيحِ يَسُوعَ لِأَعْمَالٍ صَالِحَةٍ قَدْ سَبَقَ اللهُ فَأَعَدَّهَا لِكَيْ نَسْلُكَ فِيهَا.»

الذين مُنحوا قلوبًا جديدة سيُظهِرون على نحو متزايد اتجاهات جديدة. هذه الاتجاهات الجديدة تمثل تغييرًا داخليًا يفيض في سلوك خارجي. التقوى الحقيقية في الداخل تُنتج شخصية تقوية في الخارج. القلوب المتغيرة تقود حتمًا إلى حياة متغيرة.

وهنا يأتي دور هذه التطويبات. فبحسب يسوع، الذين ينتمون إليه سيُعرَفون بتحوّلٍ متنامٍ في اتجاهات قلوبهم — يظهر في طريقة عيشهم.

وبالطبع، لن نعيش التطويبات بالكمال أبدًا. يسوع وحده فعل ذلك. وفي كماله نستريح. حتى في أفضل أيامنا نتعثر ونسقط. ومع ذلك، عندما نفشل (وللأسف نفشل كثيرًا)، يدعونا يسوع أن نرجع إليه بتوبة، وننال تطهيره، ونواصل الجري في السباق — بنعمته.

١ يوحنا ١ : ٩ — «إِنِ اعْتَرَفْنَا بِخَطَايَانَا، فَهُوَ أَمِينٌ وَعَادِلٌ، حَتَّى يَغْفِرَ لَنَا خَطَايَانَا، وَيُطَهِّرَنَا مِنْ كُلِّ إِثْمٍ.»

التطويبات كمرآة وكدافع

قد يساعدنا أن نفكر في التطويبات باعتبارها مرآة ودافعًا في آنٍ واحد.

كمرآة، تكشف لنا حقيقة قلوبنا. تساعدنا أن نفحص ما إذا كان إيماننا حقيقيًا، أم أننا خدعنا أنفسنا وظننا أننا نتبع يسوع بينما نحن لا نفعل.

حذّر يسوع نفسه في ختام عظة الجبل:

متَّى ٧ : ٢١ — «لَيْسَ كُلُّ مَنْ يَقُولُ لِي: يَا رَبُّ، يَا رَبُّ، يَدْخُلُ مَلَكُوتَ السَّمَاوَاتِ، بَلِ الَّذِي يَفْعَلُ إِرَادَةَ أَبِي الَّذِي فِي السَّمَاوَاتِ.»

وكدافع، تدعونا أن نسعى بمحبة وراء أسلوب حياة يغذّيه عمل النعمة ويعكس تشبّهًا متزايدًا بمخلّصنا. إنها تذكّرنا أنه مع أن الكمال مستحيل، إلا أن اتجاه

حياتنا سيُظهر بشكل متزايد رغبة عميقة في العيش كما يصف يسوع، عاكسين قلب الذين ينتمون إليه حقًا.

كما لاحظ أحد معلّمي الكتاب المقدس ببصيرة:

الله مهتم بالمسار أكثر من القمّة ذاتها. والسعي نحو الهدف يصبح في حد ذاته مكافأة.

فهم هذه الحقيقة التأسيسية يمنعنا من تحويل التطويبات إلى قائمة أعمال نؤديها. بل تصبح صورة لنعمة تعمل في حياة المؤمن.

إذًا فلنتذكر: التطويبات ليست وصفة لنيل الخلاص، بل وصف للذين تحوّلوا بالفعل بنعمة الله.

إنها تصف الثمر لا الجذر في خلاصنا. إنها تقدّم لنا رؤية لما يبدو عليه النجاح الحقيقي في ملكوت الله. تكشف قلب يسوع نفسه، الذي جسّد كل واحدة منها بالكمال. وتدعونا إلى أسلوب حياة مضادّ للثقافة ينسجم مع مقاصد الله لا مع مقاييس العالم.

بعد أن رأينا ما هي التطويبات — وما ليست هي — فلننظر الآن إلى الطريقة التي بنى بها يسوع هذه الأقوال. كل واحدة تتبع نمطًا ثلاثيًا مميزًا: بركة، صفة، ومكافأة.

بنية التطويبات

قيل إن التطويبات هي «الاتجاهات الجميلة» التي تعكس قلب التلميذ الحقيقي. وعددها ثمانٍ. (مع أن الآيتين ١٠-١٢ تستخدمان كلمة «طوبى» مرتين، إلا أنهما تصفان فكرة مركزية واحدة: احتمال الاضطهاد من أجل البر).

كل تطويبة تتبع النمط الثلاثي نفسه:

بركة — «طوبى لـ...»

صفة شخصية — «المساكين بالروح»، «الحزانى»، وهكذا.

مكافأة أو وعد — «لأن لهم ملكوت السماوات»، «لأنهم يتعزون»، وهكذا.

هذه ليست قائمة عشوائية من الفضائل. معًا تشكّل تدرجًا روحيًا. تبدأ التطويبة الأولى بالاتضاع، بالاعتراف بحاجتنا العميقة إلى الله (المساكين بالروح)، وتنتهي الأخيرة بالاضطهاد من أجل البر، وهو نتيجة طبيعية عندما نعيش بحسب قيم الملكوت.

بمعنى آخر، ترسم التطويبات رحلة التلميذ النامي من الاتضاع أمام الله إلى الجرأة لأجل الله.

بعد أن رأينا بنية التطويبات، لننظر إلى ما قصده يسوع بكلمتي «طوبى» و«ملكوت السماوات».

معنى «طوبى»

«طوبى» تختلف عن «السعادة». يشرح أحد علماء العهد الجديد:

الذين هم مطوّبون سيكونون غالبًا سعداء بعمق؛ لكن الطوباوية لا يمكن اختزالها في السعادة... أن تكون «مطوّبًا» يعني أساسًا أن تكون مقبولًا، أن تحظى بالاستحسان. عندما يبارك الله الإنسان فهو يعلن رضاه عنه... وبما أن هذا هو كون الله، فلا توجد بركة أعظم من أن يحظى الإنسان برضا الله.

ثم يضيف هذا السؤال الفاحص:

علينا أن نسأل أنفسنا: بركة من نطلب باجتهاد؟ إن كانت بركة الله تعني لنا أكثر من استحسان أحبائنا مهما كانوا أعزاء، أو زملائنا مهما كانوا مؤثرين، فحينئذٍ ستخاطبنا التطويبات بصورة شخصية وعميقة جدًا.

وإضافة إلى ذلك، هناك سببان آخران لاختيار كلمة «طوبى» بدل «سعيد»:

«طوبى» تشير إلى رضا إلهي، لا إلى شعور بشري. فالسعادة، خاصة في ثقافتنا، تُفهم عادة كمشاعر ذاتية، بينما يسوع يعلن إعلانًا موضوعيًا: أن الله نفسه يرضى ويسرّ بالذين يجسّدون اتجاهات القلب هذه.

«طوبى» متجذّرة في قصد إلهي لا في ظروف متغيرة. فالسعادة تعتمد غالبًا على الظروف الخارجية، أما البركة الكتابية فتنبع من وعد الله لمن يُظهرون الاتجاهات التي يقدّرها.

هذه البركات ليست عشوائية؛ فكل واحدة ترتبط بصفة معينة: فالحزانى وحدهم يُوعَدون بالتعزية، والرحماء وحدهم ينالون رحمة. البركة «مرتبطة دائمًا بالصفة».

لهذه الأسباب، يستخدم هذا الكتاب كلمة «طوبى» في كل موضع. ولكن سواء فكرت فيها على أنها بركة أو حظوة أو فرح، فإن جوهر تعليم يسوع يبقى كما هو: رضا الله ونعمته يستقران على الذين يعيشون بحسب قيم ملكوته.

بعد أن رأينا معنى أن نكون مطوّبين حقًا، يجدر بنا أن نتوقف لفهم عبارة أساسية أخرى تؤطر هذه التطويبات: «ملكوت السماوات».

شرح موجز عن ملكوت السماوات

لاحظ أن يسوع يبدأ وينهي التطويبات بالوعد نفسه: «لأن لهم ملكوت السماوات» (الآيتان ٣ و ١٠).

هذا التكرار ذو دلالة، لأنه يبرز حقيقة مركزية:

<u>ملكوت السماوات هو قلب هذا المقطع بأكمله.</u>

بركات ملكوت السماوات المستقبلية

ملكوت السماوات الذي يشير إليه يسوع هنا هو في المقام الأول مستقبلي، عند تجديد كل شيء، عندما يعود في مجده كالحاكم السيد على كل الخليقة. وتشير نصوص عديدة إلى هذه الحقيقة، منها: دانيال ٧ : ١٣–١٤، متّى ٢٤ : ٢٩– ٣١، ٢ بطرس ٣ : ١٠–١٣، رؤيا ٢٠ : ٤–٦، ورؤيا ٢١ : ١–٤.

بركات ملكوت السماوات الحاضرة

ومع ذلك، يستخدم يسوع أيضًا صيغة المضارع — «لهم» — في عبارة «لأن لهم ملكوت السماوات». وقد يدل ذلك على أنه يشير أيضًا إلى البركات الروحية الحاضرة التي يختبرها المؤمنون وهم يعيشون تحت سلطانه. وتشمل هذه البركات غفران الخطايا (كولوسي ١ : ١٣–١٤) والحرية من سلطان الخطية (يوحنا ٨ : ٣٦؛ رومية ٦ : ١٧–١٨، ٢٢).

(ملاحظة: نطاق هذا الكتاب لا يسمح بمناقشة متعمقة لكل القضايا المتعلقة بملكوت السماوات. هدفي هنا هو فقط تذكير وتشجيع القراء أن يسعوا بأمانة

وراء أسلوب حياة التطويبات ــــ مهما كانت التكلفة ــــ واثقين أنه عندما يعود الملك يسوع ليؤسس سلطانه على كل الأرض، فإن كل تضحية قُدمت في طاعته ستثبت أنها ذات قيمة أبدية.)

خلاصة وتشجيع

في هذا الفصل وضعنا أساسًا لفهم التطويبات.

رأينا أنها تصف أسلوب حياة الذين خَلُصوا بنعمة الله، لا وسيلة لنيل الخلاص.

واستكشفنا بنيتها الثلاثية المقصودة: بركة، صفة، ووعد.

وتأملنا في المعنى الأعمق لكلمة «طوبى» باعتبارها رضا الله لا مجرد سعادة عابرة.

وأدركنا التركيز المركزي على ملكوت السماوات، الذي يؤطر هذه الحقائق ويدعونا أن نعيش كمواطنين في ذلك الملكوت اليوم.

ليستخدم الرب هذه الدراسة، لا لمجرد أن نتأمل هذه الصفات بإعجاب، بل أن نسعى وراءها ــــ لا بقوتنا، بل بقوة روح المسيح الساكن فينا.

«طُوبَى لِأَنْقِيَاءِ الْقَلْبِ، لأَنَّهُمْ يُعَايِنُونَ اللَّهَ.» لتكن هذه هي المكافأة التي نتوق إليها أكثر من كل شيء.

أسئلة للنقاش

١. حقيقة أساسية يجب تذكّرها
التطويبات ليست وسيلة لنيل الخلاص، بل وصف للحياة التي تنتجها نعمة الله.
كيف تحمينا هذه الحقيقة من الكبرياء ومن اليأس في مسيرتنا المسيحية؟
وبأي طرق يدفعنا فهم النعمة إلى طاعة حقيقية بدل التراخي؟

٢. التطويبات كمرآة وكدافع
كلمات يسوع تكشف وتلهم في آنٍ واحد.
كيف كانت التطويبات مرآة في حياتك، كاشفة المجالات التي لا يُزال الله يشكّل فيها قلبك؟
وكيف يمكن أن تكون دافعًا للسعي وراء اتجاهات تشبه المسيح يومًا بعد يوم؟

٣. بنية التطويبات
كل تطويبة تتبع نمطًا: بركة، صفة، ومكافأة.
كيف يساعدك هذا النمط أن تفهم أن الحياة المسيحية داخلية وخارجية معًا،
تحوّل في القلب يُثمر ثمرًا منظورًا؟
أيّ من التطويبات الثماني تجدها الأكثر تحديًا في حياتك؟ ولماذا؟

٤. معنى «طوبى»
استخدام يسوع لكلمة «طوبى» يشير إلى رضا الله لا إلى سعادة عابرة.
كيف يعيد هذا التعريف تشكيل فهمك لما تعنيه الحياة الناجحة أو ذات المعنى؟
ما هي بعض الطرق الشائعة التي يعرّف بها عالمنا «البركة»، وكيف تختلف
عن تعريف يسوع؟

٥. ملكوت السماوات: بركات مستقبلية وحاضرة
ملكوت السماوات حقيقة مستقبلية (عندما يملك المسيح في المجد) وحقيقة
حاضرة (يختبرها المؤمنون اليوم تحت سلطانه).
كيف يشجعك هذا المنظور المزدوج أن تعيش بأمانة الآن وأنت تنتظر عودة
المسيح؟
ما هي بركات الملكوت الحاضرة التي تشكر الله عليها في هذه المرحلة من
حياتك؟

٦. تأمل ختامي: عيش طريق التطويبات
يختتم الفصل بالتذكير أن كل تضحية تُقدَّم في طاعته ستثبت أنها ذات قيمة
أبدية.
كيف يساعدك المنظور الأبدي أن تثابر عندما تكون الطاعة مكلفة؟
كيف يمكن أن يبدو الأمانة لطريق التطويبات في علاقاتك أو عملك أو خدمتك
اليوم؟

التطويبة الأولى

طوبى للمساكين بالروح

منّى ٥ : ٣ — «طُوبَى لِلْمَسَاكِينِ بِالرُّوحِ، لأَنَّ لَهُمْ مَلَكُوتَ السماوات.»

حالتنا الروحية أمام الله

الإفلاس. مجرد سماع هذه الكلمة قد يثير مشاعر الفشل والعار والإحراج. فهي تعني أنك لم تستطع سداد ديونك، ولنكن صادقين، لا أحد (على الأقل من كان عاقلاً) يتفاخر بإعلانه الإفلاس.

وعندما تُستخدم هذه الكلمة بالمعنى الأخلاقي، تحمل وصمة أعمق بكثير. فأن يُقال إن شخصًا مفلس أخلاقيًا يعني أنه خالٍ تمامًا من الاستقامة. إنها من أقسى عبارات الإدانة، كأنك تقارن شخصًا بأشرّ الشخصيات في التاريخ.

ومع ذلك، يعلن الكتاب المقدس أن هذه هي حالتنا الأخلاقية بالضبط أمام إله قدوس! فالرسول بولس، مقتبسًا من عدة مقاطع في العهد القديم (مزمور ١٤ : ١ـ٣؛ ٥٣ : ١ـ٣؛ جامعة ٧ : ٢٠)، يكتب:

رومية ٣ : ١٠ـ١٢ — «كَمَا هُوَ مَكْتُوبٌ: لَيْسَ بَارٌّ وَلاَ وَاحِدٌ. لَيْسَ مَنْ يَفْهَمُ. لَيْسَ مَنْ يَطْلُبُ اللهَ. الْجَمِيعُ زَاغُوا وَفَسَدُوا مَعًا. لَيْسَ مَنْ يَعْمَلُ صَلاَحًا لَيْسَ وَلاَ وَاحِدٌ.»

لا أحد بار، لا أحد يفهم، لا أحد يطلب الله، الجميع زاغوا وفسدوا معًا، لا أحد يعمل صلاحًا، ولا واحد — هكذا يرى الإله القدوس كل واحد منا في حالتنا الطبيعية غير المفدية.

صورة لقبضة الخطية

دُعي أحد رعاة لندن في القرن التاسع عشر ليصلي فوق لصٍّ يحتضر. كان الرجل في الأربعين بالكاد، ولم يبق له إلا دقائق ليعيشها. وبينما كان الراعي راكعًا بجانب سريره ليشاركه الإنجيل ويصلي، لاحظ أن عيني اللص لم تكونا مثبتتين على السماء، بل على سلسلة ساعة الراعي الذهبية.

واصل الراعي صلاته بحرارة فيما كانت زوجة اللص تبكي بقربه.

وعندما نهض، كان الرجل قد مات، ويده الجامدة لا تزال ممسكة بسلسلة الساعة الذهبية. في لحظاته الأخيرة، وأمام الأبدية، وحتى بينما كان الراعي يصلي إلى الله أن يغفر له خطاياه، مدّ اللص يده لا نحو الرحمة بل نحو الذهب. كانت قبضة الخطية أشد من رجاء النعمة. تلك هي قوة الخطية!

ليس بار ولا واحد! إن تُركنا لأنفسنا، نحن ــ بطبيعتنا عبيدًا للخطية ــ لا نملك الموارد الروحية لنُصلح حالنا مع الله. نحن جميعًا مفلسون روحيًا، بلا شيء صالح نقدمه. في حالتنا الساقطة، حتى «أعمال برّنا»، كما يقول إشعياء، هي «كَثَوْبٍ نَجِسٍ» أمام إله قدوس (إشعياء ٦٤ : ٦). هذا التعبير يبرز فكرة النجاسة وعدم فاعلية برّ الإنسان في نظر الله. فإذا كان هذا هو تقييم الله لأفضل أعمالنا، فكم بالحري تبدو خطايانا ــ في أفكارنا وأفعالنا ــ خطيرة أمامه؟

الحقيقة أننا جميعًا نحمل دينًا هائلًا من الخطية لا يمكننا أبدًا سداده. في كل جانب، نقف كفاشلين روحيًا!

التطويبة الأولى: إعلان صادم

ولهؤلاء الناس الواقعين تحت قبضة الخطية القوية يفتتح يسوع عظته الرائعة بإعلان مذهل: «طُوبَى لِلْمَسَاكِينِ بِالرُّوحِ، لأَنَّ لَهُمْ مَلَكُوتَ السَّمَاوَ» (متَّى ٥ : ٣). في عالم يمجّد القوة والاكتفاء الذاتي والكبرياء، تأتي كلمات يسوع إعلانًا جذريًا مضادًا لثقافة العالم. إنها تسير عكس تيار تفكير العالم تمامًا. ومع ذلك، هذا ما يعلنه يسوع في هذه الآية.

ماذا يعني أن تكون «مسكينًا بالروح»؟

الكلمة المستخدمة لـ «مسكين» هنا تشير إلى شخص معدم تمامًا، لا يملك أي موارد مادية، ولذلك يعتمد كليًا على غيره للبقاء. استُخدمت هذه الكلمة لوصف لعازر المتسول في لوقا ١٦ : ١٩، وتعطينا صورة متسولٍ مغطّى الرأس،

منحنٍ ووجهه قريب من الأرض، خجلان حتى من أن يرفع عينيه، لكنه يمد يده إلى أعلى بيأس.

لكن يسوع يضيف وصفًا حاسمًا: «بالروح». وهذا يوضح أنه لا يتحدث عن الفقر المادي بل عن الفقر الروحي ــ غياب كامل لأي استحقاق أو قوة روحية (انظر رؤيا ٣ : ١٧ـ١٨). فالغني ماديًا والفقير ماديًا كلاهما مفلس روحيًا بمعزل عن المسيح. كلاهما يفتقر تمامًا إلى الموارد اللازمة ليعيش حياة مقبولة أمام الله. واحتياج الاثنين هو أن يعترفا بهذه الحقيقة ويتوجها إلى يسوع وحده القادر أن يمنحهما ما يحتاجان إليه: مكانة صحيحة أمام الله، وغفرانًا كاملًا للخطايا.

لكن توجد أخبار سارة للمفلسين روحيًا

يصف الكتاب المقدس الخلاص ــ غفران الخطايا ــ بأنه عطية مجانية من الله، وليس مكافأة على أعمال صالحة، إذ لا أحد بار بالكامل (رومية ٣ : ١٠ـ ١٢). إنه نعمة الله ــ نعمته غير المستحقة ــ التي يهبها مجانًا لمن يوقظهم ليروا حالتهم الحقيقية. بنعمته يدركون أنه لا سبيل لهم لكسب رضاه. فالغفران يأتي فقط عندما يتجهون إلى يسوع باتضاع وتوبة، تاركين الخطية، واثقين فيه وحده.

يعني ذلك الإيمان بأن يسوع عاش الحياة الكاملة التي لم نستطع نحن أن نعيشها، ومات مكاننا ليحمل غضب الله عن خطايانا، وقام ليبرهن أن ذبيحته قد قُبلت. هذا هو جوهر الإنجيل، البشارة السارة للمفلسين روحيًا. بالإيمان بيسوع وحده ننال الغفران (رومية ٣ : ٢٣؛ ٤ : ٢٥؛ ٦ : ٢٣؛ أفسس ٢ : ٨ـ ٩؛ ١ كورنثوس ١٥ : ٣ـ٤؛ ١ بطرس ٢ : ٢٤).

إذًا أن تكون مسكينًا بالروح يعني أن تقول بقناعة كاملة شيئًا مثل هذا:

يا رب، ليس فيَّ شيء يرقى إلى معيارك. لا أستطيع أن أعيش الحياة التي دعوتني إليها بقوتي الخاصة. أحتاج إليك بالكامل. بدونك أنا لا شيء ــ أنا مفلس روحيًا.

أؤمن أنك عشت الحياة التي لم أستطع أن أعيشها، ومتَّ مكاني عن خطاياي، وقمتَ من بين الأموات. أرجع عن طرقي الخاطئة وأثق فيك وحدك لغفران خطاياي. ارحمني وخلِّصني.

18 التطويبة الأولى

قد يبدو الاعتراف بفقرنا الروحي واعتمادنا الكامل على يسوع أمرًا مضادًا لثقافة العالم. لكن بحسب يسوع، وحدهم الذين يتبنون هذا الموقف المتواضع هم المطوَّبون حقًا.

الفقر بالروح: مثل من يسوع

من أوضح الأمثلة على الفقر بالروح — أي موقف الذين يرثون الملكوت — المثل الذي رواه يسوع نفسه، المعروف غالبًا بمثل الفريسي والعشار (لوقا ١٨ : ٩-١٤).

كان الفريسي المتبرر بذاته فخورًا جدًا بإنجازاته الروحية حتى أصبح أعمى تمامًا عن كونه خاطئًا محتاجًا إلى الغفران. لاحظ كيف صلى، أو بالأحرى «أخبر» الله بإنجازاته: «اَللّٰهُمَّ أَنَا أَشْكُرُكَ أَنِّي لَسْتُ مِثْلَ بَاقِي النَّاسِ: الْخَاطِفِينَ، الظَّالِمِينَ، الزُّنَاةِ، وَلَا مِثْلَ هَذَا الْعَشَّارِ. أَصُومُ مَرَّتَيْنِ فِي الْأُسْبُوعِ، وَأُعَشِّرُ كُلَّ مَا أَقْتَنِيهِ» (الآيتان ١١-١٢).

يمكننا أن نرى بوضوح الكبرياء الروحي الناتج عن بعض الأعمال الظاهرة الصالحة، الكبرياء الذي يقود إلى عمى روحي كامل يمنع الفريسي من رؤية نفسه مفلسًا روحيًا.

أما العشار، فلم يرَ سوى خطاياه أمام إله قدوس، ولذلك كان يقرع صدره ويصرخ: «اَللّٰهُمَّ ارْحَمْنِي أَنَا الْخَاطِئَ» (لوقا ١٨ : ١٣). لم يحاول أن يساوم أو يقدّم أوراق اعتماد، بل اكتفى بالتوسل.

وأعلن يسوع بوضوح أن العشار التائب هو الذي جسّد معنى الفقر بالروح، لا الفريسي المتبرر بذاته الذي رجع إلى بيته ظانًا أنه مبرر أمام الله. قال يسوع: «أَقُولُ لَكُمْ: إِنَّ هَذَا نَزَلَ إِلَى بَيْتِهِ مُبَرَّرًا دُونَ ذَاكَ، لِأَنَّ كُلَّ مَنْ يَرْفَعُ نَفْسَهُ يَتَّضِعُ، وَمَنْ يَضَعُ نَفْسَهُ يَرْتَفِعُ» (لوقا ١٨ : ١٤). هذا هو معنى أن تكون مسكينًا بالروح! هذا هو معنى أن ترجع إلى بيتك مبررًا!

تخيل المشهد اليوم: شخص يقف معتزًا على المنبر، يتفاخر بقوته الروحية. وآخر منكسر في آخر الصفوف، يتوسل بهدوء من أجل الرحمة. من هو المطوَّب حقًا؟

المبدأ واضح: ما دمنا نظن بكبرياء أننا مكتفون روحيًا ونملك ما يلزم لنكون مقبولين أمام الله، فلن نلجأ إلى يسوع لنوال الغفران أو الحياة الأبدية. لكن

عندما ندرك بنعمة الله فراغنا الروحي، نتجه باتضاع إلى المسيح فنجد الغفران والحياة الأبدية ومكانًا في ملكوت الله.

الفقر بالروح ليس حدثًا لمرة واحدة بل موقف يومي

هذا الموقف القلبي لا يتوقف عند لحظة التوبة الأولى. يقول يسوع: «طوبى للمساكين بالروح»، وليس «كانوا». وهذا يعني أن الفقر بالروح ليس مجرد مدخل إلى الملكوت، بل هو أسلوب حياة الداخلين إليه.

حتى بعد التوبة، لا نستطيع أن نعيش الحياة المسيحية بقوتنا الخاصة. قال يسوع: «لِأَنَّكُمْ بِدُونِي لاَ تَقْدِرُونَ أَنْ تَفْعَلُوا شَيْئًا» (يوحنا ١٥ : ٥). نحن مدعوون أن نعتمد عليه باستمرار من أجل القوة والإرشاد والنعمة. الروح المتواضعة المعتمدة التي قادتنا إلى المسيح أولًا يجب أن تميز سيرنا اليومي معه.

للأسف، كثيرًا ما نفشل في هذا الأمر. نحن مثل الطفل الذي يتعلم ركوب الدراجة بعجلاتٍ مساندة، ثم يزيلها بسرعة ظانًا أنه «أصبح قادرًا». كثيرًا ما نظن أننا «نستطيع الأمر» ونحاول أن نعيش دون عون الله — فنقع سقوطًا مؤلمًا، فضلًا عن أننا نحزن الرب ونستجلب عدم رضاه!

قصة الملك آسا في العهد القديم توضّح هذا الأمر بجلاء. بدأ آسا حسنًا إذ «عَمِلَ مَا هُوَ صَالِحٌ وَمُسْتَقِيمٌ فِي عَيْنَيِ الرَّبِّ إِلَهِهِ» (٢ أخبار ١٤ : ٢). وعندما واجه جيشًا أجنبيًا يفوقه عددًا، لجأ إلى الرب في الصلاة قائلًا: «يَا رَبُّ، لَيْسَ فَرْقٌ عِنْدَكَ أَنْ تُعِينَ الْكَثِيرِينَ أَوِ الَّذِينَ لاَ قُوَّةَ لَهُمْ. فَأَعِنَّا يَا رَبُّ إِلَهَنَا، لِأَنَّنَا عَلَيْكَ اتَّكَلْنَا» (الآية ١١). فأعطاه الله نصرة: «فَضَرَبَ الرَّبُّ الْكُوشِيِّينَ أَمَامَ آسا وَأَمَامَ يَهُوذَا» (الآية ١٢).

لكن لاحقًا، عندما هُدِّد بجيش آخر، اعتمد على تحالفات بشرية بدلًا من الله (٢ أخبار ١٦ : ١ـ٩). ونتيجة لذلك وبّخه الرب قائلًا: «لِأَنَّكَ اتَّكَلْتَ عَلَى مَلِكِ أَرَامَ وَلَمْ تَتَّكِلْ عَلَى الرَّبِّ إِلَهِكَ... قَدْ حَمِقْتَ فِي هَذَا الْأَمْرِ... لِأَنَّ عَيْنَيِ الرَّبِّ تَجُولاَنِ فِي كُلِّ الْأَرْضِ لِيَتَشَدَّدَ مَعَ الَّذِينَ قُلُوبُهُمْ كَامِلَةٌ نَحْوَهُ» (الآيات ٧ـ٩).

تحذّرنا قصة آسا من أن الأمانة السابقة لا تحمينا تلقائيًا من الاتكال على أنفسنا في المستقبل. إنها تعلّمنا أن حتى المؤمنين الناضجين يجب أن يبقوا يقظين، معتمدين باستمرار على الرب. نحن لا نتجاوز أبدًا حاجتنا إلى يسوع. لن يأتي وقت لا نحتاج فيه إليه — وقت نصبح فيه مكتفين بأنفسنا ولدينا كل ما يلزم

لنعيش الحياة المسيحية. سنبقى دائمًا أناسًا محتاجين — محتاجين باستمرار إلى يسوع!

الفقر بالروح — علامة المؤمنين الحقيقيين

لا يصف يسوع هنا مجرد فضيلة، بل علامة المؤمنين الحقيقيين. الملكوت يخص المساكين بالروح، ولهم وحدهم. ويمكن ترجمة الجزء الأخير من الآية «لأن لهم ملكوت السماوات» هكذا: «لأن لهم — ولهم وحدهم — ملكوت السماوات».

ولهذه البركة بُعد حاضر (لأن لهم ملكوت السماوات) وبُعد مستقبلي (عندما يعود يسوع ليقيم ملكوت الله بكماله). فالمؤمنون الحقيقيون — الذين يتميّزون بفقرٍ دائم في الروح — يستطيعون الآن أن يتمتعوا ببركة الحياة الأبدية والسير مع يسوع تحت سلطانه بإرشاد الروح القدس. ومع ذلك، ينتظرهم تحقيق أعظم عندما يعود الملك يسوع في المجد ليقيم الملكوت المملوء بالبر والسلام والفرح.

إذًا أن تكون مسكينًا بالروح يعني أن تعيش بوعي يومي بأننا لا نقدّم شيئًا. المسيح يقدّم كل شيء. نأتي إليه فارغين. وفي ذلك الفراغ نكون مطوَّبين — لا بحسب مقاييس العالم بل بحسب مقاييس السماء. هو يملأنا. ننال الملكوت الذي لم نستطع أن نستحقه. ننال المسيح نفسه. وحتى الآن يمكننا أن نعيش في يقين عميق أننا له، مرددين كلمات ترنيمة قديمة: «أنا له وهو لي».

كيف ننمّي الفقر بالروح؟

فكيف يمكننا أن نغرس هذا الفكر «المسكين بالروح» في حياتنا اليوميّة؟ إليك أربع طرق:

١. احرص على حياة صلاة جادة

الصلاة هي التعبير العملي عن فقرنا الروحي. بها نعترف باحتياجنا إلى الله في التجربة والصراع وكل لحظة من الحياة. وكلما صلّينا أكثر، ازددنا وعيًا بخطيتنا واعتمادنا العميق عليه، مما يدفعنا من جديد إلى الاعتراف المتواضع والصادق أمامه.

كما قال أحد اللاهوتيين بوضوح:

<u>المعلم المُصلّي لا يمكن أن يكون له خدام بلا صلاة.</u>

الحياة المصلّية هي أساس القلب الذي يدرك فقره الروحي. وكما قيل بحق: «كل إخفاقاتنا هي إخفاقات في الصلاة».

فلتكن الصلاة استجابتنا الأولى لا ملاذنا الأخير.

٢. أطع مشيئة الله فوق كل شيء

سُئل صبي صغير مرة من معلمه إن كانت طاعته نابعة من خوفه من أبيه. فأجاب بهدوء: «ليس لأني أخاف العقاب، ولا حتى لأني أخاف أن أُمسك. أنا أطيع لأني أحب أبي. لا أريد أن أجرحه».

مثل هذا الصبي، يجب أن نطيع الله لا بدافع الخوف من الواجب فقط، بل بدافع المحبة له. حتى عندما تكون الطاعة مكلفة، فإن المحبة تجعلها طوعية. يمكننا أن نثق أن مشيئة الله وطرقه دائمًا لخيرنا ولمجده.

٣. ارفض الأفكار التي تمجّد الذات

الكبرياء يبدأ في الفكر. تمجيد الذات، والرغبة في الاعتراف، والتفاخر بالإنجازات — كلها تنبع من أفكار تمجّد النفس. يحذرنا الكتاب: «كُلُّ مُتَشَامِخِ الْقَلْبِ مَكْرَهَةُ الرَّبِّ» (أمثال ١٦ : ٥)، وأيضًا: «كُلُّ مَنْ يَرْفَعُ نَفْسَهُ يَتَّضِعُ» (لوقا ١٤ : ١١ أ).

وعلى النقيض، يأخذ المساكين بالروح تحذير إرميا لباروخ كاتبه: «وَأَنْتَ فَهَلْ تَطْلُبُ لِنَفْسِكَ أُمُورًا عَظِيمَةً؟ لَا تَطْلُبْ» (إرميا ٤٥ : ٥). ويردّدون تواضع يوحنا المعمدان الذي قال عن يسوع: «يَنْبَغِي أَنَّ ذَاكَ يَزِيدُ وَأَنِّي أَنَا أَنْقُصُ» (يوحنا ٣ : ٣٠). ويدركون أن كل ما لديهم هو عطية (١ كورنثوس ٤ : ٧). ويثقون بوعد يسوع: «وَمَنْ يَضَعُ نَفْسَهُ يَرْتَفِعُ» (لوقا ١٤ : ١١ ب).

الفقر بالروح والكبرياء لا ينموان معًا في التربة ذاتها — أحدهما فقط سيزدهر! فلنقاوم الكبرياء بنشاط من خلال تجديد أذهاننا بكلمة الله (رومية ١٢ : ٢؛ أفسس ٦ : ١٧)، والاعتماد على الروح القدس لإماتة كل فكر يمجّد الذات (رومية ٨ : ١٣).

٤. انظر إلى التجارب كفرص للاعتماد على الله

التجارب، رغم ألمها، غالبًا ما تكون أداة الله لتعميق اعتمادنا عليه. كتب بولس عن ضيق شديد مرّ به قائلًا: «وَلَكِنْ كَانَ لَنَا فِي أَنْفُسِنَا حُكْمُ الْمَوْتِ، لِكَيْ لاَ نَكُونَ مُتَّكِلِينَ عَلَى أَنْفُسِنَا بَلْ عَلَى اللهِ الَّذِي يُقِيمُ الأَمْوَاتَ» (٢ كورنثوس ١ : ٨ـ٩). وحتى «شوكة الجسد» قادته إلى صلاة أعمق واعتماد أعظم على المسيح (٢ كورنثوس ١٢ : ٧-١٠).

المساكين بالروح يتعلمون أن يروا التجارب لا كعقوبات، بل كوسيلة نعمة يعلّمنا الله بها أن نتكئ عليه أكثر، هو الذي وعد ألا يتركنا ولا يهملنا (عبرانيين ١٣ : ٥)، والذي يسير معنا حتى في أظلم الأودية (مزمور ٢٣ : ٤).

يسوع: المثال الكامل للفقر بالروح

ولكي لا نقع في اليأس أو نصل إلى استنتاج خاطئ، يجب أن نتذكر هذا: لا أحد منا يستطيع أن يعيش هذه التطويبة ــ أو أيًا من التطويبات ــ بالكمال. يسوع وحده فعل ذلك، هو نفسه الذي نطق بها!

وعندما نتحدث عن يسوع كمثال كامل للفقر بالروح، يجب أن نتذكر أن فقره بالروح لم يكن نتيجة خطية أو إفلاس روحي كما هو حالنا. لقد كان ــ ولا يزال ــ بلا خطية تمامًا (٢ كورنثوس ٥ : ٢١؛ عبرانيين ٤ : ١٥؛ ١ بطرس ٢ : ٢٢). كان فقره بالروح موقفًا طوعيًا من التواضع الكامل والاعتماد التام على الآب. ومع أنه كان معادلًا لله، لم يتمسك بامتيازاته الإلهية بل «أَخْلَى نَفْسَهُ آخِذًا صُورَةَ عَبْدٍ» (فيلبي ٢ : ٧).

وقد ميّز هذا التواضع حياته كلها. كان يصلي باستمرار (عبرانيين ٥ : ٧)، ويطيع بالكامل (يوحنا ٦ : ٣٨؛ متّى ٢٦ : ٣٩ ب، ٤٢ ب)، ويحتمل كل تجربة بثبات، حتى عندما قادته إلى الصليب. في يسوع نرى شكل الفقر الروحي الحقيقي: ليس تواضعًا زائفًا أو ضعفًا، بل قوة الاستسلام الكامل لمشيئة الآب (يوحنا ٥ : ١٩).

لهذا فإن قبولنا أمام الله لا يقوم على أدائنا بل على كمال يسوع. من خلاله وحده نصير أبرارًا أمام الله. وبروحه يواصل يسوع تغييرنا من الداخل إلى الخارج، جاعلًا إيانا أكثر شبهًا به (٢ كورنثوس ٣ : ١٨).

اعتنق الطريق المضاد لثقافة العالم

العالم يمجّد الكبرياء والقوة والاكتفاء الذاتي. أما يسوع فيقدّر الضعف والاعتماد والتواضع. يبتسم لكل من يرفع يديه الفارغتين بلا خجل، رغم نقائصه، ويصرخ باستمرار: «يا رب، أحتاج إليك. لا أستطيع بدونك. أعنّي».

ويعد هؤلاء الذين يعيشون هذه الحياة المضادة للثقافة بهذه الكلمات العذبة:

طوبى لكم أنتم المساكين بالروح... أنتم المعتمدون عليّ في كل شيء... لأن لكم — ولكم وحدكم — ملكوت السماوات، موضع السلام والفرح الأبدي!

لكن آخرين سيسمعون في يوم الدينونة الكلمات المخيفة نفسها من يسوع:

ملعونون أنتم المتكبرون بالروح... أنتم الذين تظنون أن لديكم ما يؤهلكم لبلوغ السماء بقوتكم... أنتم الذين تسعون وراء ملذات هذا العالم... لأن لكم — ولكم وحدكم — ملكوت الظلمة، موضع العذاب الأبدي.

الأمر أبدي — سماء أو جحيم، فرح أو دينونة. ماذا ستختار؟

عزيزي القارئ: ربما تحمل عبئًا ثقيلًا، خطايا مخفية، شعورًا بالذنب، أو ألمًا عميقًا في نفسك. وربما بينما تقرأ هذا الفصل، أيقظ الروح القدس في داخلك شوقًا لأن تُصلح حالك مع الله. من فضلك لا تطفئ هذا النداء.

اذهب إلى مكان هادئ. تعال كما أنت. تكلم مع الله بصدق. اعترف بخطيتك. أقرّ باحتياجك. اعترف أن صلاحك الشخصي لن يخلّصك — يسوع وحده يقدر. رحمته أعظم من أعمق خطاياك. لقد مات عن كل الخطايا وقام ليمنح الغفران والحياة الجديدة لكل من يرجع عن خطيته ويثق فيه وحده.

السلام الذي تشتاق إليه يوجد عند الصليب فقط، حيث تتدفق الرحمة بحرية، ودم يسوع الكريم يغسل كل خطية وكل ذنب. يعدنا كلام الله:

رومية ١٠ : ١٣ — «لأَنَّ كُلَّ مَنْ يَدْعُو بِاسْمِ الرَّبِّ يَخْلُصُ.»

فادعُ يسوع دون تأخير. ارجع عن خطاياك وتوجّه إليه. اقبل الغفران الذي يقدمه هو وحده. واسترح في نعمته طوال حياتك.

هذا هو العظمة الحقيقية في عينيه!

كلمة إلى المؤمن المتعب

24 التطويبة الأولى

إن كنت تنتمي بالفعل إلى المسيح لكنك ابتعدت أو تشعر بثقل الخطية أو الذنب أو الإرهاق الروحي، فارجع إليه. النعمة التي خلّصتك هي نفسها التي ستردّك. يسوع لا يملّ من استقبال أولاده العائدين. هو مستعد أن يغفر ويطهّر ويجدد قلبك من جديد.

عد إلى الصليب. اطرح خجلك ودع رحمته ترفعك. المخلّص الذي ابتدأ فيك عملًا صالحًا سيكمّله بأمانة (فيلبي ١ : ٦).

آية للحفظ

متَّى ٥ : ٣ — «طُوبَى لِلْمَسَاكِينِ بِالرُّوحِ، لِأَنَّ لَهُمْ مَلَكُوتَ السَّمَاوَ.»

صلاة

«اَللّٰهُمَّ ارْحَمْنِي أَنَا الْخَاطِئَ.» آمين.

أسئلة للنقاش

ماذا يعني أن تكون «مسكينًا بالروح»؟ وكيف يختلف ذلك عن الضعف الروحي أو الانخفاض العاطفي؟

كيف تساعدنا قصة الفريسي والعشار (لوقا ١٨ : ٩-١٤) أن نفهم شكل الفقر بالروح؟

هل تتذكر وقتًا شعرت فيه باحتياجك العميق إلى الله؟ ماذا تعلّمت من تلك الخبرة؟

لماذا من المهم أن نعتمد على الله بدل أنفسنا؟ ماذا يحدث عندما نحاول أن نعيش مستقلين عنه؟

لماذا تعتقد أن يسوع بدأ التطويبات بالفقر بالروح؟ ماذا يخبرنا ذلك عن الحياة في ملكوت الله؟

التطويبة الثانية
طوبى للحزانى

متى ٥ : ٤ — طوبى للحزانى لأنهم يتعزّون.

في طريقي إلى العمل، تمرّ بي لوحة إعلانية أمام أحد الحانات مكتوب عليها: «ساعة سعيدة في كل ساعة!» هذه العبارة تعبّر بدقة عن جوهر ما يسعى إليه الناس في كل أنحاء العالم. مرارًا وتكرارًا يُقال لنا إن الحياة تتمحور حول قضاء وقت ممتع. ما الذي سأستفيده أنا؟ هل سيجعلني هذا سعيدًا؟

وقد لخّص أحد الكتّاب هذا الفكر السائد جيدًا إذ قال:
لقد أصبح «السعي وراء السعادة» موضوعًا محوريًا... وحقًا... بالنسبة إلى معظم الناس من حولنا... الناس يسألون: «ما الذي سأستفيده؟ هل سيجعلني هذا سعيدًا؟» ... وكثيرًا ما يهجر الناس زيجاتهم ويطلبون الطلاق إذا ظنّوا أنهم سيكونون أكثر سعادة بالزواج من شخص آخر.

ثم يضيف هذه الملاحظة الواقعية الصادمة:
إن معظم الناس سيكونون راضين تمامًا لو كُتب على شاهد قبورهم: «لقد عاش حياة سعيدة».

ما أكثر المأساة حين يكون الهدف الأسمى لكثيرين هو مجرد السعادة الشخصية — حتى وإن جاء ذلك على حساب القداسة، والحق، والحياة الأبدية، والفرح الحقيقي، والمحبة الصادقة لله.

وفي هذا العالم الأناني الساعي وراء اللذة، القَلِق من أجل السعادة لكنه فارغ من الفرح الحقيقي، ينطق يسوع بمفارقة صادمة في التطويبة الثانية: «طوبى للحزانى». لم يقل «طوبى للسعداء»، بل طوبى للحزانى! بمعنى آخر: «سعداء

هم غير السعداء». ما يعلنه يسوع هنا ليس مجرد أمر مدهش؛ بل هو معاكس تمامًا لثقافة العالم.

وكما يقول أحد اللاهوتيين بحق:
إن العالم لا يحب الحزانى؛
فالحزانى يُفسدون الأجواء.

ومع ذلك يصرّ يسوع أن الحزانى وحدهم هم الذين ينالون بركة الله وتعزيته! إنه يدعونا إلى حياة مختلفة جذريًا — حياة تتميّز بالحزن، لا بالفرح السطحي.

الحزن ليس انعدام الفرح ولا اليأس

في هذه التطويبة، لا يدعونا يسوع إلى أن نحيا في كآبة أو يأس. ففي الليلة نفسها التي أُسلِم فيها، قال لتلاميذه: «كَلَّمْتُكُمْ بِهَذَا لِكَيْ يَثْبُتَ فَرَحِي فِيكُمْ وَيَكْمُلَ فَرَحُكُمْ» (يوحنا ١٥ : ١١).

وبولس، وهو يكتب من داخل السجن، قال: «إِذْ أُصَلِّي بِفَرَحٍ لِأَجْلِكُمْ جَمِيعًا» (فيلبي ١ : ٤).

الفرح ليس أمرًا اختياريًا في الحياة المسيحية؛ بل هو وصية:

فيلبي ٤ : ٤ — «اِفْرَحُوا فِي الرَّبِّ كُلَّ حِينٍ، وَأَقُولُ أَيْضًا: اِفْرَحُوا».
١ تسالونيكي ٥ : ١٦ — «اِفْرَحُوا كُلَّ حِينٍ».

وهذا يعلّمنا أن الحزن الكتابي والفرح ليسا نقيضين. يمكن — بل يجب — أن يجتمعا في حياة المؤمن. فالحزن الحقيقي ليس شفقة على الذات ولا إدانة مستمرة للنفس. وليس هو أن نسير في يأس دائم، نجلد أنفسنا باستمرار — كما كان يفعل مارتن لوثر قبل أن يكتشف حرية الإنجيل.

فإن لم يكن هذا هو المقصود، فما هو إذًا؟

الحزن الحقيقي هو حزن يقود إلى النعمة

إن الحزن الذي يصفه يسوع هو حزن روحي على الخطية — ليس حزنًا على الظروف، بل ذلك الألم العميق والشخصي الذي يأتي من رؤية خطايانا أمام إله قدوس. وهو ليس شعورًا عابرًا. فالفعل «يحزن» جاء بصيغة المضارع، مما

يدل على أمر مستمر: «طوبى للذين يحزنون باستمرار». وهذا يشير إلى أسلوب حياة، إلى قلب لا يتبلّد تجاه الخطية، بل يشعر بثقلها بصورة دائمة.

والكلمة اليونانية المترجمة «يحزن» تعبّر عن أعمق أنواع الحزن — ذلك الحزن الذي يظهره الناس في الجنائز (مرقس ١٦ : ١٠). وهنا تشير إلى استجابة منكسرة، ممزَّقة للقلب بسبب الخطية. ويستخدم يعقوب ٤ : ٩ الكلمة نفسها: «اِكْتَئِبُوا وَنُوحُوا وَابْكُوا. لِيَتَحَوَّلْ ضَحِكُكُمْ إِلَى نَوْحٍ وَفَرَحُكُمْ إِلَى غَمٍّ». وفي السياق، من الواضح أن يعقوب يتحدث عن الحزن بسبب الخطية.

وهناك أيضًا ارتباط قوي بين هذه التطويبة الثانية والأولى:

• «طوبى للمساكين بالروح» (متى ٥ : ٣) تشير إلى إدراكنا الذهني للخطية — معرفتنا بأننا مفلسون روحيًا.
• «طوبى للحزانى» تشير إلى الاستجابة العاطفية — الشعور بالحزن وثقل ذلك الفقر الروحي.

الأولى ترى الدَّين؛ والثانية تشعر بالعبء. إن الاقتناع الحقيقي بالخطية يقود دائمًا إلى انسحاق مقدّس بسببها! الاثنان يسيران معًا. وما جمعه الله لا يفرّقه إنسان!

وكما لاحظ أحد اللاهوتيين بحكمة:
يبدو أن بعض المسيحيين يتخيّلون أنه، خاصة إذا كانوا ممتلئين بالروح، يجب أن يضعوا ابتسامة دائمة على وجوههم... كم يمكن للإنسان أن يكون غير كتابي إلى هذا الحد؟

وقد عبّر واعظ مشهور عن الأمر بهذه الكلمات:
كما لا يمكن لامرأة أن تتوقع أن تلد طفلًا بلا آلام مخاض، كذلك لا يمكن أن توجد توبة بلا حزن. ومن يظن أنه يستطيع أن يتوب بلا حزن، فليشكّ في توبته. لقد سفك الشهداء دماءهم من أجل المسيح، ويسكب التائبون دموعهم من أجل الخطية.

هذا الحزن المقدّس ليس يأسًا خاليًا من الفرح. إنه لا يسحقنا، بل يذلّلنا، ويليّن قلوبنا، ويقرّبنا إلى المسيح. وحتى في حزننا، يُنتج الروح القدس فرحًا في داخلنا، لأننا نؤمن أن يسوع قد دفع ثمن خطايانا بالكامل، بما في ذلك الخطية التي نحزن عليها بصدق. ولذلك فنحن، بمعنى ما، «كَحَزَانَى وَنَحْنُ دَائِمًا فَرِحُونَ» (٢ كورنثوس ٦ : ١٠).

نعم، إنه تناقض ظاهري. لكنه أيضًا واقع الحياة في المسيح. ففرحنا لا يأتي من غياب الحزن، بل من حضور الله وسطه. بمعنى آخر، نحن لا نفرح بدلاً من أن نحزن — بل نفرح من خلال الحزن. لماذا؟ لأنه يقود في النهاية إلى التعزية العميقة التي وعد بها يسوع — اليقين العميق بنعمة الله، وغفرانه، وقربه. وهذا ما يجعله مطوَّبًا.

لكن من المهم أن ندرك أن ليس كل حزن على الخطية هو نفسه. فالكتاب المقدس يضع خطًا فاصلًا حاسمًا بين نوعين مختلفين تمامًا من الحزن.

الحزن الإلهي مقابل الحزن العالمي: الحزن الذي يقود إلى الحياة مقابل الحزن الذي يقود إلى الموت

كورنثوس ٧ : ١٠ يضع تمييزًا واضحًا:
«لأَنَّ الْحُزْنَ الَّذِي بِحَسَبِ مَشِيئَةِ اللهِ يُنْشِئُ تَوْبَةً لِخَلاَصٍ بِلاَ نَدَامَةٍ، وَأَمَّا حُزْنُ الْعَالَمِ فَيُنْشِئُ مَوْتًا».

الحزن الإلهي يتمحور حول الله. فهو يحزن على الخطية لأنها أساءت إلى إله قدوس، ويقود الإنسان للرجوع إليه بالتوبة.

أما الحزن العالمي، فعلى النقيض، يتمحور حول الذات. قد يتضمن شعورًا بالذنب والخزي، لكنه لا يقود إلى توبة حقيقية ولا إلى مصالحة مع الله.

ونرى هذا التباين بوضوح في حياة يهوذا وبطرس. كلاهما فشل مع يسوع. شعر يهوذا بالندم (متى ٢٧ : ٣)، لكنه لم يرجع إلى المسيح قط. كان حزنه مملوءًا باليأس والشفقة على الذات، مما قاده في النهاية إلى الهلاك. أما بطرس، فقد «بَكَى بُكَاءً مُرًّا» (لوقا ٢٢ : ٦٢). لكن حزنه كان نابعًا من محبته ليسوع ومن ألمه بسبب خطيته. فحزنه الإلهي قاده إلى التوبة، والاستعادة، وتجديد الشركة مع المسيح.

ولا يزال هذا الفرق ظاهرًا حتى اليوم.

تخيّل شخصين أُمسكا في الزنا. الأول يشعر بالسوء، أساسًا لأنه انكشف أمره. يقدّم اعتذارًا علنيًا، لكنه في الخفاء يبرر أفعاله ويلوم زوجته لأنها دفعته بعيدًا. هذا هو الحزن العالمي — يركّز على العواقب والسمعة، لا على الإساءة إلى الله أو الرغبة في تغيير حقيقي.

أما الشخص الثاني فهو منسحق. يعترف ليس فقط بما انكشف، بل بكل ما كان يخفيه. لا يقدّم أعذارًا، ولا يلوم أحدًا، بل يحزن على الخطية ذاتها لأنها أهانت الله وأضرّت بالآخرين. ويتوسّل إلى المسيح من أجل الرحمة. هذا هو الحزن الإلهي — توبة تنبع من قلب حزين بسبب إساءة الخطية إلى إله قدوس.

الحزن الإلهي يقول: «لقد أخطأتُ إليك يا رب، وأنا راجع إليك لأجل التطهير».

أما الحزن العالمي فيقول: «أشعر بالسوء — لكنني سأتعامل مع الأمر بنفسي».

الأول يقود إلى النعمة والحياة الأبدية.
أما الثاني فيقود إلى الخراب — والهلاك الأبدي.

عندما يغيب الحزن الإلهي: خطر عدم الإحساس بشيء

للأسف، كثير من الحزن اليوم — حتى في الأوساط المسيحية — يشبه الحزن العالمي. فهو غالبًا ليس أكثر من خيبة أمل بسبب رغبات لم تتحقق أو سمعة تضررت. ونادرًا ما يكون حزنًا حقيقيًا بسبب التمرد على إله قدوس (رؤيا ٣ : ١٧).

اسأل نفسك:
- متى كانت آخر مرة حزنتُ فيها حقًا على كبريائي أو أنانيتي؟
- متى شعرتُ بالخجل من شهيتي الدائمة لمديح الآخرين؟
- متى انكسر قلبي بسبب كلماتي القاسية أو غير المبالية؟
- متى حزنتُ — ليس فقط على نتائج خطيتي — بل على الخطية نفسها؟

سأل شاب مستهتر واعظًا ذات مرة: «أنا لا أشعر بثقل الخطية. كم وزنها؟ عشرة أرطال؟ ثمانون؟» فأجابه الواعظ: «هل تشعر الجثة بوزن أربعمائة رطل؟» فقال الشاب: «لا، لأنها ميتة». فختم الواعظ قائلًا: «بالضبط. إن كنت لا تشعر بشيء، فلأنك ميت روحيًا» (أفسس ٢ : ١).

الحزن على خطيتنا: حيث تبدأ التوبة الحقيقية

لكن المؤمنين لم يعودوا أمواتًا. لقد أحيينا.

أفسس ٢ : ٤ ـ ٥ ـ «اَللهُ ... وَهُوَ غَنِيٌّ فِي الرَّحْمَةِ ... أَحْيَانَا مَعَ الْمَسِيح وَنَحْنُ أَمْوَاتٌ بِالذُّنُوبِ».

وعندما يمنحنا الله حياة جديدة، نبدأ نشعر بما لم نكن نشعر به سابقًا: ثقل الخطية والحزن الذي يصاحبها. فالحزن على الخطية هو إحدى علامات الحياة الجديدة. لكن إن لم يوجد أي حزن على الإطلاق، فعلينا أن نسأل: هل حدثت الولادة الجديدة فعلًا؟

أحيانًا نتعامل مع الاعتراف بخفة؛ نريد أن ننتهي منه بسرعة بدلًا من أن نتوب حقًّا. وأحيانًا نتجنب الحزن كليًّا لأننا لسنا مستعدين بعد لترك الخطية. وأحيانًا نحزن فقط على الخطايا التي لم تعد تغرينا. لكن الحزن الإلهي يحزن حتى على الخطايا المخفية والعزيزة علينا، لأنها تسيء إلى الله.

أناس الله في الكتاب لم يستخفوا بالخطية. انظر إلى داود:

مزمور ٣٨ : ٤ ـ «لأَنَّ آثَامِي قَدْ طَغَتْ عَلَى رَأْسِي. كَحِمْلٍ ثَقِيلٍ أَثْقَلَتْ عَلَيَّ».
مزمور ٣٨ : ١٨ ـ «أُخْبِرُ بِإِثْمِي، أَغْتَمُّ مِنْ خَطِيَّتِي».
مزمور ٥١ : ٣ ـ «لأَنِّي عَارِفٌ بِمَعَاصِيَّ، وَخَطِيَّتِي أَمَامِي دَائِمًا».

قد تصف الثقافة داود بأنه سلبي أو قاسٍ على نفسه. لكن الله دعاه «رَجُلًا حَسَبَ قَلْبِي» (أعمال ١٣ : ٢٢).

وحتى بولس، بعد عقود من الخدمة الأمينة للمسيح، كتب: «جَاءَ الْمَسِيحُ يَسُوعُ إِلَى الْعَالَمِ لِيُخَلِّصَ الْخُطَاةَ الَّذِي أَنَا أَوَّلُهُمْ» (١ تيموثاوس ١ : ١٥).

وقد قال الواعظ الاسكتلندي ألكسندر وايت لجماعته إنه اكتشف اسم أشرّ رجل في إدنبرة. ثم انحنى إلى الأمام وهمس: «اسمه ألكسندر وايت».

الحزن الإلهي على خطية الإنسان ليس ضعفًا، ولا هو كراهية للذات. إنه تواضع صادق ـ ليس يأسًا، بل حزن يحرّكه الروح القدس ويتوق إلى الخلاص. وهو علامة التقوى الحقيقية التي تبدأ برؤية خطايانا نحن كأشدّ من خطايا الآخرين.

الحزن على خطايا الآخرين: الحزن على ما يُحزن الله

لا يكتفي الكتاب المقدس بدعوتنا إلى الحزن على خطايانا نحن — بل يدعونا أيضًا إلى الحزن على خطايا الآخرين. فالحزين الحقيقي، كما قال أحد الكتّاب، «يحزن لأن عدد الحزانى قليل».

عندما تساهلت كنيسة كورنثوس مع فاحشة جنسية واضحة، لم يدعهم بولس فقط إلى مواجهتها — بل وبّخهم لأنهم لم يحزنوا عليها:

١ كورنثوس ٥ : ٢ — «أَفَمَا كَانَ يَجِبُ أَنْ تَنُوحُوا؟»

العالم غالبًا ما يستجيب لخطايا الآخرين بالإدانة أو اللامبالاة. أما المؤمنون فمدعوون إلى أمر مختلف — إلى الحزن. وهذا هو النمط الثابت الذي نراه في الكتاب:

مزمور ١١٩ : ١٣٦ — «جَدَاوِلُ مِيَاهٍ جَرَتْ مِنْ عَيْنَيَّ، لأَنَّهُمْ لَمْ يَحْفَظُوا شَرِيعَتَكَ».

إرميا ١٣ : ١٧ — «وَإِنْ لَمْ تَسْمَعُوا ذلِكَ فَإِنَّ نَفْسِي تَبْكِي فِي الأَمَاكِنِ الْخَفِيَّةِ مِنْ أَجْلِ الْكِبْرِيَاءِ، وَتَبْكِي عَيْنِي بُكَاءً وَتَذْرِفُ دُمُوعًا».

فيلبي ٣ : ١٨ — «لأَنَّ كَثِيرِينَ يَسِيرُونَ ... أَقُولُ عَنْهُمُ الآنَ أَيْضًا بَاكِيًا: إِنَّهُمْ أَعْدَاءُ صَلِيبِ الْمَسِيحِ».

حتى يسوع — الذي نطق بهذه التطويبة — حزن على خطايا الآخرين. لم يكن له خطية يحزن عليها، لأنه «لَمْ يَفْعَلْ خَطِيَّةً» (١ بطرس ٢ : ٢٢). ومع ذلك يقول لوقا: «وَفِيمَا هُوَ يَقْتَرِبُ نَظَرَ إِلَى الْمَدِينَةِ وَبَكَى عَلَيْهَا» (لوقا ١٩ : ٤١).

تخيّل ذلك. يسوع بكى على أولئك الذين سيصلبونه قريبًا. تمردهم والدينونة التي ستأتي عليهم كسرت قلبه.

<u>إن كان يسوع قد حزن على الضالين والمتمردين، فكيف يمكن لنا نحن أتباعه أن نبقى غير مبالين؟</u>

هذا النوع من الحزن لا يقود إلى قسوة في الحكم، بل إلى الصلاة، والشفقة، والتوق إلى التوبة والاستعادة. إنه يعكس قلب الله نفسه — قلبًا مكسورًا بسبب الخطية لما تفعله بالناس الذين يحبهم.

فلنأخذ كلمات يسوع بجدية: الله يبارك فقط الذين يحزنون باستمرار على خطاياهم وخطايا الآخرين.

وما هي البركة؟

تعزية المسيح: نعمة تلتقي بحزننا

التعزية. هذا ما يعد به يسوع الحزانى: «لِأَنَّهُمْ يَتَعَزَّوْنَ».

ليس الجميع سيتعزون — بل الحزانى فقط. ويسوع لا يترك الحزانى في يأس. إنه يقدّم ما لا يستطيع العالم أن يقدّمه: تعزية حقيقية الآن وفي الحياة الآتية.

الكلمة المترجمة «يتعزون» تحمل معنى شخص يأتي بجانبك ليقوّيك ويشجّعك ويعضدك. وهذا بالضبط ما يفعله الله:

- هو «إِلَهُ كُلِّ تَعْزِيَةٍ» (٢ كورنثوس ١ : ٣).
- يسوع هو شفيعنا (١ يوحنا ٢ : ١).
- والروح القدس هو المعزّي الآخر (يوحنا ١٤ : ١٦) الساكن فينا.

آمن داود بهذا بعمق، لذلك كتب: «الرَّبُّ قَرِيبٌ مِنَ الْمُنْكَسِرِي الْقُلُوبِ» (مزمور ٣٤ : ١٨).

فكّر في بطرس. بعد أن أنكر يسوع — ليس مرة بل ثلاث مرات — بكى بكاءً مرًّا، محطمًا بالذنب والخزي. لكن عندما التقى به المسيح القائم على الشاطئ، لم يدنه. بل أعاده — بلطف وبشكل شخصي — ثلاث مرات (يوحنا ٢١ : ١٥ – ١٩).

حزن بطرس الإلهي قاده إلى اختبار التعزية التي وعد بها يسوع. نعمة الله الإلهية غلبت مرة أخرى فشل الإنسان.

وتعزية أعظم آتية — التعزية الكاملة في السماء حيث:

رؤيا ٢١ : ٤ — «وَسَيَمْسَحُ اللهُ كُلَّ دَمْعَةٍ مِنْ عُيُونِهِمْ، وَلاَ يَكُونُ الْمَوْتُ فِيمَا بَعْدُ، وَلاَ يَكُونُ حُزْنٌ وَلاَ صُرَاخٌ وَلاَ وَجَعٌ فِيمَا بَعْدُ».

لكن هذا الوعد ليس للجميع. بل للذين يسلكون في هذه الحياة بأسلوب حزن على الخطية، وبهذا يجدون قلب الله.

حزن الآن، فرح إلى الأبد

لقد وقع العديد من المسيحيين في الخديعة التي تقول إن اتباع يسوع يضمن حياة خالية من الألم ومليئة بالابتسامات. نعم، الله ‏‏يوفر لنا كل شيء بغنى لنستمتع به‏‏ (١ تيموثاوس ٦ : ١٧)، وبالفعل، ‏‏القلب المبتهج دواء حسن‏‏ (الأمثال ١٧ : ٢٢). لكن عندما يصبح الفرح هو كل ما نسعى إليه، فقد نخدر قدرتنا على الحزن على الخطيئة.

هل الحياة حقًا مجرد البحث عن الراحة وتجنب الحزن؟ هل أصبحنا مهووسين بالترفيه والتسلية إلى حد فقدنا فيه قدرتنا على الشعور بالحزن؟ هل انغمسنا في الكثير من الملذات حتى فقدنا الاتصال بما هو حقًا مهم؟

إذا كان جوابنا على هذه الأسئلة نعم، فعلينا أن نتذكر كلمات سليمان، التي تقول خلاف ذلك:

جامعة ٧ : ٢-٤ – خير للمرء أن يذهب إلى بيت الحداد من أن يذهب إلى بيت الوليمة، لأن الموت هو مصير الجميع؛ فعلى الأحياء أن يأخذوا هذا في قلوبهم. الحزن خير من الضحك، لأن الوجه الحزين يحسن القلب. قلب الحكيم في بيت الحداد، وقلب الجهال في بيت السرور.

كل من سليمان ويسوع يخبرنا بنفس الحقيقة: اسعَ للحزن. لماذا؟ لأن الله يبارك الذين يندبون باستمرار على خطاياهم وخطايا الآخرين!

لكن إذا تجاهلنا هذا وسخرنا من الخطيئة——رافضين أن نندب——فيسوع يقدم تحذيرًا مؤلمًا:

لوقا ٦ : ٢٥ – ويل لكم أيها الضاحكون الآن، لأنكم ستنوحون وتبكون.

هناك انعكاس قادم:

انتحب الآن على الخطيئة——راحة إلى الأبد.

اضحك الآن على الخطيئة——البكاء إلى الأبد.

ما نبكي عليه——وما نضحك عليه——يكشف عن الحالة الحقيقية لقلوبنا. لم يقل يسوع هذه الكلمات ليُعلِمنا فقط، بل ليحوّلنا. تحذيره ليس باردًا؛ إنه رحيم.

فلنأخذه على محمل الجد. دعونا نطلب منه أن يعلمنا ماذا يعني أن نزرع الحزن المقدس——الحزن الذي يؤدي إلى الفرح الأبدي.

كيف نندب بشكل صحيح: التأمل والجري

إذا كنا نسعى لجعل الحزن المقدس أسلوب حياة، تذكر كلمتين: التأمل والجري.

١. التأمل

لكي نزرع أسلوب حياة من الحزن على الخطيئة، يجب أن نتعلم أن نتأمل بانتظام في حالتنا الروحية. هذا يعني أن نأخذ وقتًا لنسأل أنفسنا أسئلة صعبة وصادقة مثل:

هل أستمتع بالأفكار الخاطئة؟

هل أنفجر بالغضب عندما لا تسير الأمور حسب ما أريد؟

هل أحقد على التصحيح؟

هل أشعر بالغيرة عندما ينجح الآخرون أو أبحث عن مدح الناس باستمرار؟

هل أحكم على الآخرين بروح متعجرفة أو أستخدم كلماتي لإيذاء الآخرين؟

هل أنا غير راضٍ عما أعطاني الله وأسرع في الشكوى؟

هل أنظر إلى أشياء لا ينبغي أن أنظر إليها؟

هل أواصل مطاردة الأشياء التي أعلم أن الله يدعوني لتركها؟

يجب علينا، بطريقة ما، أن نضع أنفسنا على منصة الشهود وندع الروح القدس يفحص قلوبنا. في الوقت نفسه، نتضرع إلى الله ليكشف خطايانا:
مزمور ١٣٩ : ٢٣-٢٤ – افتحني يا الله واعرف قلبي... وانظر إن كان فيَّ طريق مقيت.

عندما يكشف الروح القدس خطايانا، نبدأ في الشعور بثقلها—ليس فقط ذهنيًا، بل عاطفيًا. هذا الثقل يؤدي إلى حزن حقيقي، ليس مجرد ندم سطحي، بل حزن عميق يقول:
هذه الخطايا نفسها صلبت مخلصي على الصليب. لقد بصقوا عليه، وجلدوه، وطعنوه، ووضعوا على رأسه إكليلًا من الشوك بسبب ما فعلته—وما زلت أفعله.

عندما نرى خطايانا بهذه الطريقة، لا يمكننا إلا أن نصرخ في الانكسار:

اغفر لي يا رب. ليس فقط أنني أخطئ، بل إنني حتى لا أندب خطيئتي كما ينبغي. حتى توبتي سطحية جدًا. ساعدني على التوبة من توبتي.

لكن لا يمكننا التوقف هنا. لا يمكننا البقاء عالقين في الحزن أو الغرق في الذنب.

٢. الجري

يجب أن يدفعنا هذا الحزن إلى الجري، ليس بعيدًا عن يسوع، بل نحوه من أجل الراحة. مخلصنا العظيم، ذراعاه مفتوحتان دائمًا وقلبه مستعد دائمًا، لن يرفض أبدًا نفسًا نادمة وحزينة (يوحنا ٦ : ٣٧؛ متى ١١ : ٢٨-٣٠).

لا نحتاج إلى البقاء ميؤوسين في البؤس. يمكننا أن نأتي نقيين: ١ يوحنا ١ : ٩ – إذا اعترفنا بخطايانا، فهو أمين وعادل، فيغفر لنا خطايانا ويطهرنا من كل إثم.

هناك قصة قديمة عن طالب جامعي أحضر غسيله المتسخ إلى الغسالة في السكن. محرجًا من مدى اتساخه، لفّه كله داخل سترة. لم يفتحه أبدًا——فقط دفع الحزمة بأكملها في الغسالة.
عندما انتهى الدوران، وضعها في النشافة. لكن لاحقًا، عندما فتح الحزمة في غرفته، وجد الملابس لا تزال متسخة وذات رائحة. لقد تبللت... ثم جفت، لكنها لم تُنظف.

هذا ما نفعله غالبًا بالخطية. نحتفظ بها مخفية عن الله والآخرين. لكن الله يرى كل شيء، ويدعونا إلى أن نأتي إليه بها. كل جزء. مكشوف. صادق. عاري.

١ يوحنا ١ : ٧ – دم يسوع... يطهّرنا من كل خطية.

بهذه الطريقة، المؤمنون الحقيقيون هم أولئك الذين يندبون باستمرار على الخطيئة ويجرون باستمرار إلى يسوع للتطهير. وبينما يفعلون ذلك، يختبرون الفرح العميق والدائم الذي ينبع من عمل الروح القدس المستمر في التحويل (غلاطية ٥ : ٢٢؛ ٢ كورنثوس ٣ : ١٨).

يسوع: المثال الكامل للحزن

لننسى أبدًا: يسوع، ربنا، عاش هذا التطويب بشكل كامل نيابة عنا. كما رأينا سابقًا، حزن بعمق على خطايا الآخرين. ومع ذلك، على عكسنا، لم يخطئ أبدًا، لذا كان حزنه نقيًا وكاملاً ومثاليًا.

لهذا السبب، نحن لا نندب لنكسب محبة الله. نحن نندب لأننا بالفعل نحظى بها في المسيح. لا نحزن لننال قبوله. نحزن لأننا بالفعل محبوبون ومقبولون بالكامل وأبدًا في المسيح.

الراحة الحقيقية لا تأتي من تجنب الحزن، بل من تقديم حزننا للمسيح—الذي حزن عنا، ومات لأجلنا، ويعيش الآن ليواسي.

حزننا هو ببساطة دليل على أن الروح القدس يعمل بداخلنا، مشكِّلًا قلوبنا لنصبح أكثر شبهاً بيسوع (٢ كورنثوس ٣ : ١٨). فلنتأمل بعمق ونجر بسرعة—مرة بعد مرة—إلى الوحيد الذي حزن بلا خطية، لكنه عانى مكاننا.

الماضي ذهب. اليوم هو يوم جديد.
ابدأ من جديد مع هذا الوعد الثابت:
طوبى للحزانى—على خطاياهم وخطايا الآخرين—فهم وحدهم سيواسى.

الآية الكتابية للحفظ

متى ٥ : ٤ — طوبى للحزانى، لأنهم سيواسى.

الصلاة

مزمور ٥١ : ١-٤أ، ٩-١٠، ١٢ — ارحمني يا الله حسب رحمتك، حسب عظمتك اغفر زلاتي. امحُ كل إثمى واغسلني من خطيتي. لأنني أعرف زلاتي وخطيتي أمامي دائمًا. ضدك وحدك أخطأت وفعلت الشر في عينيك. اخفِ وجهك عن خطاياي وامحُ كل إثمى. اخلق فيّ قلبًا نقيًا يا الله وجدد روحًا ثابتة داخلي. أعد إلي فرح خلاصك وامنحني روحًا راغبة لتثبت بي. آمين.

أسئلة للنقاش

ما نوع الحزن الذي يباركه يسوع في هذا التطويب، وكيف يختلف عن الحزن العادي؟

لماذا الحزن على الخطية مهم في الحياة المسيحية؟

كيف يجلب يسوع الراحة لأولئك الذين يندبون بحزن إلهي؟

كيف ينبغي أن نستجيب للخطية التي نراها في أنفسنا وفي الآخرين؟

ما بعض الطرق التي يمكننا من خلالها التعبير بانتظام عن الحزن الإلهي دون فقدان الأمل؟

التطويبة الثالثة

طوبى للودعاء

متى 5: 5 – طوبى للودعاء، فإنهم سيرثون الأرض.

طريق العالم مقابل طريق يسوع

إن كانت هناك صفة واحدة يثمنها العالم، فهي القوة—أثبت نفسك، ارفع صوتك، تسلق إلى القمة.

ولكن في التطويبة الثالثة، يقلب يسوع هذا التفكير رأساً على عقب: "طوبى للودعاء، فإنهم سيرثون الأرض."

فبدلاً من الاندفاع للأمام، يدعونا للتراجع خطوة. وبدلاً من المطالبة بطريقنا، يدعونا للاستسلام.

لا تطلب التقدير—اعتنق الخفاء. كن وديعاً. كن لطيفاً.

هنا ادعاءان متناقضان تماماً:

العالم يقول: "العظماء هم الأقوياء."

يسوع يقول: "العظماء هم الودعاء."

هذا ليس مجرد أمر مخالف للثقافة السائدة—إنه أمر صادم. إنه يتحدى كل نزعة بشرية طبيعية. نحن مفطورون على الانتقام، والدفاع، والارتقاء. ومع ذلك، يدعونا يسوع إلى شيء أعمق، شيء خارق للطبيعة: حياة الوداعة. ولكن ماذا يعني ذلك حقاً؟

معنى الوداعة

الوداعة ليست ضعفاً. إنها قوة تحت السيطرة.

في زمن يسوع، كانت الكلمة اليونانية المترجمة "وديع" في متى 5: 5 تصف حصاناً مروضاً—لا يزال قوياً ولكنه تحت سيطرة تامة.

هذه العملية، رغم تطلبها، أنتجت حصاناً قوياً وجباراً، ومع ذلك يظل تحت السيطرة وينقاد تماماً لفارسه.

تُحكى قصة عن جندي شاب خلال الحروب البيلوبونيزية (اليونانية القديمة) كتب لخطيبته عن هدية لديه لها: حصان أبيض. وصفه قائلاً:

<u>إنه أروع حيوان رأيته في حياتي. يستجيب بطاعة لأدنى أمر. إنه يسمح لسيده بتوجيهه إلى كامل إمكاناته.</u>

ثم كتب، "إنه حصان وديع." لم يكن الجندي يقصد أن الحصان خجول أو حصان حرث محطم.

بل كان حيواناً ذا روح عظيمة، لكن تلك الروح كانت خاضعة لسيطرة الفارس.

يرتبط بكلمة وديع مفهوم القوة تحت السيطرة، وفكرة الخضوع لمن هو أعظم منا.

لهذا السبب لا يصور الكتاب المقدس الوداعة أبداً كحالة سلبية أو افتقار للشخصية. لقد وُصف موسى بأنه:

العدد 12: 3 – أما موسى فكان رجلاً وديعاً جداً، أكثر من جميع الناس الذين على وجه الأرض.

وصف يسوع نفسه بهذا النحو:

متى 11: 29 – لأني وديع ومتواضع القلب.

من الواضح أنه لا أحد يجرؤ على وصف موسى أو يسوع بالضعف. فكلاهما كان جسوراً وشجاعاً، ومع ذلك أظهرا قوة هادئة وقوة تحت السيطرة.

تطويبة يسوع الثالثة هي صدى للمزمور 37: 11:

"أما الودعاء فيرثون الأرض."

وفهم هذا الارتباط يساعدنا على استيعاب ما قصده يسوع بكلمة "وديع." في هذا المزمور، ينصح داود المظلومين بأن:

يكفوا عن الغضب ("لا تغر من الأشرار" – آية 1).

ألا ينتقموا من فاعلي الإثم ("كف عن الغضب" – آية 8).

يستمروا في فعل الخير، حتى عند التعرض للإساءة ("افعل الخير" – آية 27).

يثقوا بثبات في توقيت الله وعدله ("لأن الرب لا يتخلى عن أتقيائه" – آية 28). بعبارة أخرى، وفقاً لداود، الودعاء هم أولئك الذين يكفون عن الغضب، ويتركون السخط، ويستمرون في فعل الخير حتى عندما يُظلمون. قوتهم تكمن لا في الانتقام بل في الثقة الثابتة في توقيت الله وعدله.

الوداعة لا تعني عدم الشعور بالغضب أبداً. قد يغضب الودعاء—ولكن فقط للأسباب الصحيحة.
إنهم يتحركون بسبب الظلم أو إهانة الله، وليس بسبب إهانة شخصية.
وبدلاً من الانتقام، يغفرون بسرعة ويستمرون في فعل الخير، حتى لمن آذاهم.
ثقتهم ليست في تبرئة أنفسهم شخصياً بل في عدل الله وتوقيته.
إنهم يهتمون بمشاعر الآخرين ويسعون لتقديم احتياجات غيرهم على احتياجاتهم الخاصة، بما في ذلك أعداؤهم!
وصف جيد للوداعة:
"هي الصفة الأخلاقية الإيجابية في التعامل مع الناس بلطف وتواضع ومراعاة"—ليس لأنهم ضعفاء، بل لأن قوتهم تحت سيطرة الروح القدس.
ولكن لماذا تعتبر الوداعة فضيلة مهمة للغاية؟ لماذا نختارها كأسلوب حياة؟

القيمة الأبدية للوداعة

وفقاً ليسوع، "الودعاء سيرثون الأرض" وحدهم.
هذه بركة أعظم بكثير مما يمكن أن يقدمه هذا العالم.
لهذا السبب يدعو يسوع أتباعه لاتباع طريق الوداعة.
لاحظ كيف وسع يسوع العبارة من المزمور 37: 11، حيث "الودعاء يرثون الأرض" إلى "الودعاء سيرثون الأرض" في متى 5: 5—مما يشير ليس فقط إلى جزء من أرض إسرائيل، بل إلى العالم بأسره في المستقبل.
الودعاء وحدهم هم من سيملكون يوماً ما مع المسيح. هذا هو وعد يسوع المذهل.
في النهاية، لن يكون الجياع للسلطة أو الساعون وراء ذواتهم هم الغالبون، بل أولئك الذين يثقون بالله، ويسلكون في تواضع، ويعكسون وداعة يسوع.
نعم، هذه الحقيقة تخالف بعمق تفكير العالم.
ولكن هذا هو أسلوب الحياة الذي يريده يسوع لأتباعه—أسلوب حياة لا يؤدي فقط إلى بركة حقيقية هنا على الأرض، بل إلى ميراث أبدي في ملكوت الله.

تكليف الوداعة لكل مؤمن

في هذه التطويبة—وعبر الكتاب المقدس—يدعو الكتاب كل مؤمن لاعتناق الوداعة كأسلوب حياة، خاصة في كيفية تعاملنا مع بعضنا البعض.
كولوسي 3: 12 – البسوا... تواضعاً.
أفسس 4: 2 – كونوا متواضعين وودعاء تماماً.
وحتى الزوجات المسيحيات المتزوجات من غير مؤمنين يُحثثن على تنمية "زينة الروح الوديع الهادئ، فهي غالية جداً في عيني الله" (1 بطرس 3: 4).

لاحقاً، في الفصل نفسه، يشدد بطرس على هذا السلوك غير الانتقامي كمتطلب لجميع المؤمنين:

1 بطرس 3: 9 – لا تجازوا الشر بالشر، ولا الشتيمة بالشتيمة. بل باركوا، فإلى هذا دعيتم لكي ترثوا بركة.

بعبارة أخرى، لا تنتقم—لا ترد "الإساءة بمثلها." بدلاً من ذلك، استجب بلطف لأولئك الذين يعاملونك بقسوة.

هذا هو جوهر الوداعة: القوة في كبح جماح نفسك، حتى عندما تملك كل الحق أو القدرة على الرد.

فكر في داود الذي أبقى على حياة شاول رغم قدرته على قتله.

كان ذلك رغم حقيقة أن شاول كان يريد قتل داود (1 صموئيل 24)!

كان بإمكان داود أن ينتقم، لكنه اختار الرحمة. ترك العدل بين يدي الله.

هكذا تبدو الوداعة—قوة تحت السيطرة، راسخة في الثقة.

وعبر التاريخ، أظهر عدد لا يحصى من المؤمنين نفس تلك الوداعة الشبيهة بالمسيح. لننظر في أحد هذه الأمثلة القوية.

كوري تن بوم: القوة على الغفران

كوري تن بوم، مسيحية هولندية ساعدت العديد من اليهود على الهروب من النازيين خلال الحرب العالمية الثانية، سُجنت في معسكر اعتقال رافنسبروك.

بعد الحرب، سافرت حول العالم تشارك عن غفران الله.

كتبت أنها في أحد الأيام، بعد حديثها في ألمانيا، اقترب منها رجل.

كان حارساً سابقاً في قوات الـ SS، وكان قد عذبها هي وأختها بيتسي التي ماتت في ذلك المعسكر نفسه.

أخبرها أنه صار مسيحياً وطلب منها الصفح.

تجمدت كوري. وتدفقت الذكريات. القسوة. الألم. كل شيء فيها تراجع ونفر.

ومع ذلك، في تلك اللحظة، صلت بصمت، "يا يسوع، ساعدني! يمكنني أن أرفع يدي... وأنت تمدني بالمشاعر."

وبينما مدت يدها، شعرت بقوة الله تتدفق من خلالها.

"بدا وكأن تياراً ينتقل مني إليه،" كتبت لاحقاً، "ونبت في قلبي حب لهذا الغريب غمرني تماماً."

أمسكت بيده وقالت، "أنا أسامحك يا أخي—من كل قلبي!"

"للحظة طويلة،" تذكرت، "أمسك كل منا بيد الآخر—الحارس السابق والسجينة السابقة. لم أعرف أبداً محبة الله بمثل هذه الكثافة كما عرفتها حينها."

هذه هي الوداعة الحقيقية—ليست جهداً بشرياً، بل قوة الروح العاملة من خلال قلب مستسلم.

قصتها تذكرنا بما هو ممكن عندما نختار الوداعة.
تلك هي الوداعة الحقيقية. إنها ليست ضعف الإرادة البشرية بل قوة الروح القدس العاملة من خلال قلب مستسلم.
تظهر لنا قصة كوري ما هو ممكن عندما ندع قوة الله تسيطر على عواطفنا وردود أفعالنا.

يسوع: تجسيد الوداعة في الجسد

يدعو الرسول بولس المؤمنين إلى التواضع من خلال توجيهنا إلى مثال المسيح الكامل:
فيلبي 2: 5-7 – ليكن فيكم هذا الفكر الذي في المسيح يسوع أيضاً: إذ كان في صورة الله، لم يحسب مساواته لله غنيمة يتمسك بها؛
بل أخلى نفسه، متخذاً صورة عبد، صائراً في شبه الناس.
يسوع، رغم كونه الله كاملاً، لم يتمسك بامتيازاته الإلهية.
بدلاً من ذلك، وضعها جانباً طواعية وأخذ دور الخادم—بل دور العبد حرفياً!
هذا ليس مجرد تواضع في الفعل؛ إنه تجسيد للوداعة وقوة خاضعة طواعية من أجل الآخرين.
وعندما اختار وصف نفسه—ليكشف عن جوهر من هو في صميمه—لم يقل "أنا قوي وجبار"، رغم أنه كذلك.
بدلاً من ذلك، قال: "لأني وديع ومتواضع القلب" (متى 11: 29).
الكلمة المترجمة "وديع" هنا هي نفس الكلمة المستخدمة لـ "وداعة" في متى 5: 5.
عبر الأناجيل الأربعة كلها—89 فصلاً—هذا هو المكان الوحيد الذي يزيح فيه يسوع الستار ليرينا قلبه.
وماذا نجد هناك؟ الوداعة!
في الكتاب المقدس، لا يشير القلب إلى المشاعر فحسب، بل إلى مركز كيان المرء—المقر التحفيزي للشخص.
إنه، كما يصفه أحد الكتاب، "ما يخرجنا من السرير في الصباح وما نحلم به ونحن نغفو في النوم."
عندما يكشف يسوع عن قلبه، فإنه يدعونا لمعرفة ما يحركه بعمق، وما يكمن في صميم كيانه الداخلي.
وماذا نجد؟ الوداعة والتواضع!
هل كنا لنتخيل مثل هذا المخلص؟ أبداً! "لأن سماواتي أعلى من الأرض، كذلك طرقي أعلى من طرقكم" (إشعياء 55: 9).
أولوياته، وقفته—كل شيء عنه—يختلف تماماً عما يتوقعه العالم!
أحد أعمق مظاهر وداعة يسوع جاء في الليلة التي خِين فيها.

فبينما كان يعلم ما ينتظره، ومدركاً تماماً أن يهوذا سيخونه قريباً، جثا يسوع لغسل أرجل تلاميذه.

كانت هذه المهمة محصورة لأدنى خادم، ومع ذلك تواضع ابن الله ليقوم بها.

حتى إنه غسل أرجل يهوذا، مظهراً الوداعة ليس فقط في الخدمة بل في المحبة تجاه عدوه.

ثم التفت إلى تلاميذه وقال:

يوحنا 13: 13-17 – أنتم تدعونني معلماً وسيداً، وحسناً تفعلون، لأني أنا كذلك.

فإن كنت وأنا السيد والمعلم قد غسلت أرجلكم، فأنتم أيضاً يجب عليكم أن يغسل بعضكم أرجل بعض.

لأني أعطيتكم مثالاً، حتى تفعلوا أنتم أيضاً كما فعلت أنا بكم.

الحق الحق أقول لكم: ليس عبد أعظم من سيده، ولا رسول أعظم من مرسله.

إن كنتم قد عرفتم هذه الأمور، فطوبى لكم إن عملتم بها.

يسوع، رب الكل، اختار أن يخدم أولئك الذين سيتخلون عنه قريباً.

ومن خلال خضوعه لمشيئة الآب واتخاذ هيئة خادم وضيع، أعطانا صورة حية للوداعة: قوة تحت السيطرة، تحركها المحبة.

يدعونا مثاله إلى وضع الكبرياء جانباً، والخدمة دون انتظار تقدير، والاستجابة بالنعمة حتى عندما نُظلم.

عندما يقول يسوع إنه وديع، فإنه يقصد أيضاً أنه أكثر شخص متفهم ولطيف ومرحب سنقابله على الإطلاق.

وكما صاغها أحد الكتاب جيداً: "الوضعية الأكثر طبيعية ليسوع ليست إصبعاً يشير، بل ذراعان مفتوحتان."

هذا هو قلب مخلصنا—لطيف، منعم، غفور، وحنون.

وهو نفس القلب الذي يدعو أتباعه لامتلاكه.

وسواء كان ذلك والداً يستجيب بصبر لمراهق متمرد أو زوجاً يختار النعمة في وقت الصراع، يجب أن تشكل الوداعة كل تفاعل في حياتنا اليومية.

ولكن ماذا يحدث عندما نختار العكس، عندما ننتقم بدلاً من الاستجابة بوداعة؟

تكلفة الانتقام

تخيل أنك اتُهمت زوراً—تم التشكيك في نزاهتك، وفهم دوافعك بشكل خاطئ—سواء في العمل، أو بيتك، أو بين الأصدقاء.

الدافع الطبيعي هو الرد، والدفاع عن نفسك، وتصحيح الأمور بشروطك الخاصة.

ولكن عندما نأخذ العدالة بأيدينا، فإن النتيجة ليست الحرية أبداً—إنها العبودية. الانتقام له تكلفة.

يمكن أن يؤدي إلى ثلاث عواقب سلبية على الأقل: تشويه شهادتنا، وإحزان الروح القدس، وسلب سلامنا.

1. إنه يشوه شهادتنا

الروح الانتقامية تناقض شخصية المسيح، الذي "إذ شُتم لم يكن يشتم عوضاً، وإذ تألم لم يكن يهدد بل كان يسلم لمن يقضي بعدل" (1 بطرس 2: 23).

عندما نندفع بالرد على الخطأ بغضب أو سخرية أو مرارة، نفقد فرصة لتعكس قلب المسيح الوديع والمتواضع.

الكلمات القاسية والدفاع عن النفس قد يكسبان الجدالات، لكنهما نادراً ما يكسبان النفوس.

ما يحتاجه العالم بشدة ليراه فينا ليس أناساً كاملين، بل أناساً يعكسون وداعة يسوع، أولئك الذين يمكنهم امتصاص الإساءة دون انتقام، واثقين في عدل الله أكثر من عدلهم الخاص.

هذا الكبح الهادئ المدفوع بالروح يتحدث بصوت أعلى من ألف موعظة.

2. إنه يحزن الروح القدس

يُحزن الروح القدس عندما نتصرف بشكل مخالف للكلمات التي ألهم بها الرجال لكتابتها في الكتاب المقدس، الكلمات التي تدعونا للتواضع والغفران والمحبة.

أفسس 4: 30-32 – ولا تحزنوا روح الله القدوس... لتُنزع من بينكم كل مرارة وسخط وغضب... وكونوا لطفاء بعضكم نحو بعض، رحماء، متسامحين كما سامحكم الله أيضاً في المسيح.

عندما نغذي الاستياء أو نخطط للانتقام، نضعف حساسيتنا الروحية ونفقد عذوبة الشركة الوثيقة مع الله.

يصبح صوت الروح خافتاً، يغرقه ضجيج كبريائنا الجريح.

في مثل هذه الحالة، يستحيل أن نسلك "بالروح" (غلاطية 5: 25).

3. إنه يسلبنا السلام

قد يبدو الانتقام مرضياً في اللحظة، لكنه لا يجلب سلاماً دائماً أبداً. "تصفية الحسابات" تضاعف الألم فقط.

دورة الغضب تعمق الجراح—فتدمر العلاقات، وتقسي القلوب، وتترك نفوسنا في اضطراب.

لقد تصدعت الكثير من البيوت والصداقات وحتى الكنائس بسبب روح الانتقام هذه.

ولكن عندما نتنازل عن حقنا في الانتقام، فإننا نفسح المجال لشيء أفضل: سلام الله——السلام الذي يفوق كل فهم ويشفي ما لا يستطيع الانتقام شفاءه.

لاحظ أحدهم بحكمة، "الانتقام يضعنا على العرش؛ الوداعة تضع الله هناك."

إذاً، إذا كان الانتقام هو رد فعلنا الطبيعي، فكيف يمكننا أن ننمو في الوداعة——طريق المسيح الخارق للطبيعة؟

النمو في الوداعة: تشكيل الروح لا تشكيل الذات

لا يمكننا إنتاج الوداعة بمفردنا؛ فهي ثمر ينميه الروح القدس في داخلنا. "أما ثمر الروح فهو: محبة... وداعة وتعفف" (غلاطية 5: 22–23).
لكي ننمي الوداعة، يجب أن نعتمد على الروح القدس. هو وحده القادر على إنتاج هذه الصفة فينا!
وفي هذا الصدد، لا يمكننا إظهار هذه التطويبة أو أي من التطويبات الأخرى بقوتنا الخاصة.

يجب أن نخضع للروح القدس، الذي وحده يمكنه إنتاج هذه الفضائل.
ومع ذلك، يجب أن نتذكر أيضاً أن الروح القدس لا يعمل بمعزل عن إرادتنا.
فهو يستخدم وسائط للمساعدة في تنمية الوداعة، لا سيما ثلاث وسائط رئيسية.
1. كلمة الله: أداة الروح للتشكيل
كلمة الله (الموصوفة بأنها "سيف الروح" في أفسس 6: 17) هي أداة الروح الأساسية لتشكيل الوداعة فينا.

كتب يعقوب، "لذلك اطرحوا كل نجاسة وشر مستفيض، واقبلوا بوداعة الكلمة المغروسة القادرة أن تخلص نفوسكم" (يعقوب 1: 21).
هذه دعوة للخضوع المستمر لكلمة الله، ليس فقط عند الخلاص، بل طوال مسيرتنا.
الوداعة الحقيقية لا تظهر في مقدار معرفتنا بالكتاب المقدس بل في كيفية استجابتنا له.

أكد يسوع هذا في لوقا 11: 28: "بل طوبى للذين يسمعون كلمة الله ويحفظونها [يطيعونها]."
التغيير الحقيقي يحدث عندما ننتقل من الاستماع إلى إطاعة كلمة الله.
كلما استسلمنا للكتاب المقدس، نمَّى الروح قلباً وديعاً ومطيعاً.
تظهر مثل هذه الحياة دليلاً لا يخطئه أحد على سيطرته——حيث تنمو الوداعة كثمرة حلوة للاستسلام.
إذاً، الوسيلة الأولى التي يستخدمها الروح القدس لإنتاج الوداعة فينا هي كلمة الله.

2. الصلاة القلبية: تعبيرنا عن الاتكال
الوسيلة الثانية التي يستخدمها الروح لإنتاج الوداعة هي الصلاة——تعبيرنا النشط عن الاتكال على الله.
قال يسوع، "لأنكم بدوني لا تقدرون أن تفعلوا شيئاً" (يوحنا 15: 5).
عندما نصلي بصدق من أجل النمو في الوداعة، فإننا نصلي في انسجام مع مشيئة الله المعلنة، وهو يعطينا التأكيد بأنه سيسمعنا كما تؤكد رسالة يوحنا الأولى 5: 14:

"وهذه هي الثقة التي لنا عنده: أنه إن طلبنا شيئاً حسب مشيئته يسمع لنا."
3. التجارب: نار الله المنقية

برؤية كيف تشكل كلمة الله والصلاة الوداعة، لننظر في وسيلة أخرى غالباً ما يستخدمها الروح القدس، وهي وسيلة يصعب قبولها: التجارب.
من خلال التجارب، يواضعنا الرب، ويكسر كبرياءنا، ويعلمنا الاعتماد عليه!
خذ منسى على سبيل المثال.

لم يكتفِ بفعل "الشر في عيني الرب لإغاظته" فحسب، بل "أضل يهوذا وسكان أورشليم ليعملوا شراً أكثر من الأمم الذين طردهم الرب من أمام بني إسرائيل" (2 أخبار 36: 1، 9).
ومع ذلك، عندما مكن الرب الآشوريين من أخذه أسيراً، "ولما تضايق طلب وجه الرب إلهه وتواضع جداً أمام إله آبائه" (آية 12).
التجارب لديها القدرة على تليين القلوب القاسية!
لهذا السبب لا ينبغي أن نحتقر التجارب، بل نراها كواحدة من أدوات الروح الأساسية لتنمية اللطف فينا.

فأولئك الذين عانوا بعمق غالباً ما يخرجون أكثر صبراً ونعمة وحساسية تجاه آلام الآخرين، لأن المعاناة لها طريقة في تليين القلب.
إليك مثال قوي على كيفية ظهور ذلك في العالم الحقيقي.
شارك مدير تنفيذي مشهور ذات مرة كيف حولت أزمة صحية قيادته.
فبعد أن كان شرساً ومرهباً، عاد من العلاج الكيميائي أكثر لطفاً وقرباً وتعاطفاً.
قال: "الألم أبطأ من حركتي، وبدأت أرى الناس بدلاً من المشاريع."
المعاناة غالباً ما تملك تلك القوة. إنها "تُودعنا"—تواضع كبرياءنا، وتنعم حوافنا الحادة، وتوجه قوتنا تحت سيطرة الله.
ومن خلالها، يلد الروح فينا الجمال الهادئ للطف الشبيه بالمسيح.
الأشخاص الذين كسرتهم التجارب لم يعودوا يشعرون بالحاجة للدفاع عن أنفسهم، عالمين أنهم لا يستحقون شيئاً.
لا يُغضبون بسهولة ولا يحركهم الانتقام. وبما أنهم منحنون بالفعل، فلا يخشون السقوط!

بدلاً من ذلك، يسعون لفعل الخير، مقدمين مصالح الآخرين على مصالحهم الخاصة (فيلبي 2: 4)!
إذاً، يستخدم الروح القدس كلمة الله، والصلاة القلبية، والتجارب في تطوير الوداعة فينا.

هناك حرية عميقة في اختيار عدم الانتقام. إنه ليس ضعفاً؛ إنه عبادة.
إنه إعلان عن ثقتنا في الله للتعامل مع كل الظلم الذي وقع علينا.
ونتيجة لذلك، ننسجم مع قصد الله ونفتح قلوبنا لتوجيهه. كما يقول المزمور 25: 9:

يدرب الودعاء في الحق ويعلمهم سبيله.

أتريد معرفة مشيئة الله؟ كن وديعاً. اخضع. ثق به.
إذاً، كيف نعرف إن كانت الوداعة تتجذر في قلوبنا؟

فحص القلب: هل أنت وديع حقاً؟

كيف تستجيب عندما يهينك شخص ما أو يسيء فهمك؟
ما هو رد فعلك عندما لا تسير الأمور كما تريد——حتى في الأمور الصغيرة؟
هل أنت مسرع في الكلام أم مسرع في الاستماع؟
هل الكبرياء أو الغضب أو الاستياء هي ما يميز ردود أفعالك، أم يظهر
التواضع والصبر من خلالها؟
الإجابات الصادقة على مثل هذه الأسئلة يمكن أن تكشف الحالة الحقيقية
لقلوبنا——سواء كنا نتعلم طريق الوداعة أو ما زلنا نتمسك بإرادتنا الذاتية.
تذكر أن التطويبات ليست مجرد اقتراحات أخلاقية؛ إنها مرايا روحية يضعها
يسوع أمامنا، ويدعونا لنرى ما إذا كنا حقاً من أتباعه ونتشكل بشخصية
ملكوته.

الوداعة تبدأ عند الصليب

إذا لم يسبق لك أن سلمت حياتك ليسوع، فهذا هو المكان الذي تبدأ فيه الوداعة.
تعال إلى الصليب.
اعترف بخطيتك وعجزك التام——فقرك الروحي——عن تلبية معيار الله الكامل.
دع قلبك يحزن على خطيتك، وبالإيمان، التفت إلى يسوع، الذي مات من أجل
كل خطية ارتكبتها وسترتكبها——حتى كبرياءك، وانتقامك، وتمردك.
اقبل غفرانه وسلم حياتك له بالكامل.
عندما تفعل ذلك، لن تصبح جزءاً من عائلة الله فحسب، بل ستختبر أيضاً
سكنى الروح القدس.
من خلال قوته، ستجد نوعاً جديداً من القوة——القوة لمسامحة من يسيئون إليك،
والتخلي عن حقوقك، والثقة في توقيت الله حتى عندما يكون الأمر مؤلماً.
حينئذٍ، وفقط حينئذٍ، يمكنك البدء في إظهار الوداعة الحقيقية التي ليسوع.
فالذي يدعونا إلى حياة الوداعة هذه عاشها هو نفسه أيضاً بشكل كامل، خاضعاً
للآب، خادماً للآخرين، ومستودعاً نفسه لله بالتمام.

الوداعة أمر جوهري

الوداعة ليست اختيارية للمسيحي. إنها ضرورية.

يسوع يجعل الأمر واضحاً جداً: الودعاء فقط هم من سيرثون الملكوت المجيد الآتي.

هذا لا يعني أننا نكسب طريقنا إلى الملكوت من خلال الوداعة، بل أن الوداعة هي الدليل على قلب تغير بالفعل بالنعمة.

إنها واحدة من الثمار التي لا تخطئ للانتماء لملكوت الله.

نحن لا نسعى للوداعة لنكسب قبول الله؛

نحن نعيش بهذه الطريقة لأننا محبوبون ومقبولون بالفعل في المسيح—ذاك الذي أتم هذه التطويبة تماماً نيابة عنا.

راحتنا ليست في أدائنا الخاص بل في كماله هو.

وبينما نستسلم للروح، فإنه ينمي هذه الفضيلة الجميلة في داخلنا، مؤكداً لقلوبنا أننا ننتمي حقاً ليسوع وسنملك معه إلى الأبد.

يقول مثل قديم، "الغصن الذي ينحني منخفضاً يحمل أكثر الثمار."

كلما كان الغصن ممتلئاً، زاد انحناؤه. وبنفس الطريقة، أولئك الأغنياء بالحكمة أو الموهبة أو الإنجاز لا يميزهم الكبرياء بل التواضع.

أولئك الذين يسيرون بالقرب من المسيح يعرفون هذا السر جيداً: العظمة الحقيقية تنحني دائماً.

في عالم يثمن الهيمنة وإثبات الذات، لا يزال يسوع يهمس بالمعيار الحقيقي للقوة: طوبى حقاً للودعاء، لأنهم—وهم وحدهم—سيرثون الأرض!

في النهاية، لن يسود المتكبرون، بل أولئك الذين يستريحون تحت قوة يد المخلص الرقيقة.

آية كتابية للحفظ

متى 5: 5 – طوبى للودعاء، فإنهم سيرثون الأرض.

صلاة

ساعدني لكي أرى نفسي في نظرك، فعندها يجب أن يذبل الكبرياء ويضمحل ويهلك.

علمني الخضوع لمشيئتك وتواضع قلبي أمامك لكي أعيش كالمسيح في هذا العالم، لأفعل ما كان سيفعله، وأعيش كما عاش، وأسلك في المحبة والوداعة لكي يُعرف المسيح. آمين. آمين.

أسئلة للمناقشة

كيف تصف الوداعة بكلماتك الخاصة؟ وكيف تختلف عن الضعف؟

لماذا تعتقد أن يسوع يثمن الوداعة بينما غالباً ما يثمن العالم القوة والسيطرة بدلاً منها؟

ماذا تعتقد أن يسوع قصد بقوله إن الودعاء "سيرثون الأرض"؟

هل يمكنك التفكير في وقت أحدثت فيه الاستجابة بلطف أو صبر فرقاً في موقف صعب؟

ما هي الطريقة المحددة الواحدة التي يمكنك من خلالها ممارسة الوداعة في علاقاتك هذا الأسبوع؟

التطويبة الرابعة

طوبى للجياع والعطاش إلى البر

متى ٥ : ٦ – طوبى للجياع والعطاش إلى البر لأنهم يُشبَعون.

ما الذي تجوع إليه؟

«أنت ما تأكله»، كثيرًا ما نقول ذلك عن الجسد. لكن المبدأ نفسه ينطبق على النفس أيضًا. فكما يتشكل الجسد بنظامه الغذائي، كذلك تتشكل حياتنا الداخلية بما نجوع إليه، وبما نشتاق إليه ونسعى وراءه روحيًا.

في هذه التطويبة الرابعة، يقدم يسوع نوعًا متناقضًا من الغذاء، ليس غذاءً يُشبع الجسد، بل غذاءً يُغذي النفس. إنه يدعونا أن «نجوع» و«نعطش»، لا إلى طعام أو شراب، بل إلى البر. هذه كلمات قوية، تصف اشتياقًا عميقًا ومِلحًّا يتجاوز بكثير مجرد اهتمام عابر.

وماذا ينبغي أن نشتاق إليه؟ البر، الذي يشير هنا في سياقه إلى السلوك المستقيم، إلى حياة تنسجم مع مشيئة الله. يعد يسوع أن الذين يسعون وراء هذا النوع من البر سيكونون مطوَّبين. جوعهم لن يبقى بلا إشباع؛ بل سيُشبَعون، لا بأمور مؤقتة أو أرضية، بل بملء الله نفسه.

هذا، في جوهره، هو رسالة هذه التطويبة.

فهم البر الذي يصفه يسوع

البر الذي يشير إليه يسوع هنا ليس مركزنا في المسيح—أي وقوفنا الصحيح أمام الله بالإيمان (رومية ٣ : ٢٢). بل يتكلم عن البر العملي الذي يتدفق من مركزنا في المسيح، ذلك النوع من الحياة اليومية التي تعكس قلبًا تغيَّر بالنعمة.

التطويبات ليست شروط دخول إلى ملكوت الله؛ بل هي سِمات الذين ينتمون إليه بالفعل. إنها الثمر، لا الأصل. وكما قال يسوع: «هكذا كل شجرة جيدة تصنع أثمارًا جيدة» (متى ٧ : ١٧). فالحياة التي تغيَّرت بالنعمة لا بد أن تبدأ بإظهار تلك النعمة خارجيًا من خلال السلوك المستقيم.

لكن كيف يمكن أن نتيقن أننا حقًا في حالة صحيحة أمام الله، وأن إيماننا حقيقي ومخلِّص؟ كيف يبدو البر العملي فعلًا في حياة إنسان متحد بالمسيح؟ ما هي العلامات الظاهرة للتحول الداخلي؟

الحياة المستقيمة أمام الله: كيف يبدو البر في الحياة اليومية

البر الذي يصفه يسوع في هذه التطويبة ليس أمرًا غامضًا أو شيئًا يستحيل تحقيقه. إنه عملي للغاية، ويُعاش في اختيارات الحياة اليومية وعلاقاتها. إنه يُشكِّل طريقة تفكيرنا، وكلامنا، واستجابتنا للتحديات، وتعاملنا مع الآخرين، وسعينا وراء ما له قيمة حقيقية. وفي جوهره، البر هو ببساطة أن نعيش بطريقة تُكرم إلهًا قدوسًا.

أمثلة على السلوك المستقيم: ١٢ لمحة من يسوع

ليست العظة على الجبل مجرد أفكار سامية؛ بل هي يسوع يرسم صورة واضحة لما تبدو عليه الحياة البارة عمليًا. فيما يلي اثنتا عشرة صورة عملية للبر، مُجمَّعة ضمن فئات من الحياة اليومية. كل واحدة منها تنبع من قلب تغيَّر بالنعمة ويجوع أن يعيش بطريقة تُرضي الله.

أولًا: البر في العلاقات

البر يُشكِّل الطريقة التي نعامل بها الآخرين، خاصة عندما يكون الأمر صعبًا. إنه يختار المصالحة بدل الاستياء، والرحمة بدل الانتقام، والمحبة بدل الكراهية، حتى تجاه الأعداء.

١. السعي إلى المصالحة — «فَاتْرُكْ هُنَاكَ قُدَّامَ ٱلْمَذْبَحِ قُرْبَانَكَ، وَٱذْهَبْ أَوَّلًا اصْطَلِحْ مَعَ أَخِيكَ، وَحِينَئِذٍ تَعَالَ وَقَدِّمْ قُرْبَانَكَ» (متى ٥ : ٢٣–٢٤). القلب الذي يتشكل بالبر يسعى إلى السلام والمصالحة بدل أن يُخزِّن المرارة.

٢. اللطف بدل الانتقام — ‹‹لَا تُقَاوِمُوا ٱلشَّرَّ›› (متى ٥ : ٣٩). القلب البار يختار الرحمة بدل الانتقام.

٣. محبة الأعداء — ‹‹أَحِبُّوا أَعْدَاءَكُمْ، بَارِكُوا لَاعِنِيكُمْ، أَحْسِنُوا إِلَى مُبْغِضِيكُمْ، وَصَلُّوا لِأَجْلِ ٱلَّذِينَ يُسِيئُونَ إِلَيْكُمْ وَيَطْرُدُونَكُمْ›› (متى ٥ : ٤٤). الاختبار الأسمى للبر هو كيف نعامل الذين يؤذوننا.

ثانيًا: البر في الأمانة الشخصية

الحياة المستقيمة تبدأ في الأماكن الخفية في أفكارنا، وكلماتنا، والتزاماتنا. البر يعني أن نسلك في الطهارة، والصدق، والأمانة، حتى عندما لا يرانا أحد.

٤. الطهارة الجنسية في الفكر، لا في الفعل فقط — ‹‹وَأَمَّا أَنَا فَأَقُولُ لَكُمْ: إِنَّ كُلَّ مَنْ يَنْظُرُ إِلَى ٱمْرَأَةٍ لِيَشْتَهِيَهَا، فَقَدْ زَنَى بِهَا فِي قَلْبِهِ›› (متى ٥ : ٢٨). البر يبدأ في القلب، لا في السلوك الخارجي فقط.

٥. الأمانة في الزواج — ‹‹وَمَنْ طَلَّقَ ٱمْرَأَتَهُ إِلَّا لِعِلَّةِ ٱلزِّنَا يَجْعَلُهَا تَزْنِي›› (متى ٥ : ٣٢). الحياة البارة تُكرم عهد الزواج المقدس.

(ملاحظة حول الطلاق: بينما يقدّم الكتاب المقدس سماحًا بالطلاق في بعض الحالات المؤلمة—مثل الزنا (متى ١٩ : ٩) أو هجران الزوج غير المؤمن (١ كورنثوس ٧ : ١٢–١٦)—فإن الرسالة العامة للكتاب المقدس تدعونا إلى صون عهد الزواج المقدس وإكرامه. ورغم أن هذا موضوع مهم، إلا أن التركيز هنا ليس على الطلاق، بل على الإقرار بواقعه في بعض الظروف.)

٦. الكلام الصادق — ‹‹بَلْ لِيَكُنْ كَلَامُكُمْ: نَعَمْ نَعَمْ، لَا لَا›› (متى ٥ : ٣٧). يجب أن يَسِم الصدق حتى أبسط كلماتنا.

ثالثًا: البر في التعبد الشخصي

بالنسبة للبار، العبادة ليست استعراضًا بل علاقة شخصية. إنها تظهر في كيفية صلاتنا، وصومنا، وعطائنا لأجل عيني الله وحده، لا لأجل تصفيق العالم.

٧. العبادة في الخفاء، لا للاستعراض العلني — ‹‹اِحْتَرِزُوا مِنْ أَنْ تَصْنَعُوا صَدَقَتَكُمْ قُدَّامَ ٱلنَّاسِ لِكَيْ يَنْظُرُوكُمْ›› (متى ٦ : ١). البر الحقيقي يطلب رضا الله، لا مديح الناس في العبادة.

٨. صلاة متمركزة حول الله — ‹‹لِيَتَقَدَّسِ ٱسْمُكَ. لِيَأْتِ مَلَكُوتُكَ›› (متى ٦ : ٩– ١٠). البر يسعى إلى مجد الله، لا إلى تمجيد الذات.

٩. أولويات أبدية — ‹‹بَلِ ٱكْنِزُوا لَكُمْ كُنُوزًا فِي ٱلسَّمَاءِ›› (متى ٦ : ٢٠). الأبرار يستثمرون ليس فقط وقتهم ومواردهم، بل قلوبهم أيضًا فيما يدوم إلى الأبد—في كنوز ملكوت الله الأبدية.

رابعًا: البر في الحياة الداخلية

البر الحقيقي يصل إلى أعماق النفس غير المنظورة—إلى طريقة تفكيرنا، وثقتنا، واستجابتنا عندما تكون الحياة صعبة. وهو يتميّز بالتواضع، والسلام، والطاعة.

١٠. الثقة بدل القلق — ‹‹لَا تَهْتَمُّوا لِحَيَاتِكُمْ... لَكِنِ ٱطْلُبُوا أَوَّلًا مَلَكُوتَ ٱللَّهِ وَبِرَّهُ›› (متى ٦ : ٢٥ ، ٣٣). البر يستريح في عناية الله بدل أن يجاهد في خوف.

١١. دينونة مملوءة نعمة — ‹‹لَا تَدِينُوا... أَخْرِجْ أَوَّلًا ٱلْخَشَبَةَ مِنْ عَيْنِكَ›› (متى ٧ : ١ ، ٥). القلب البار يُصحِّح بتواضع لا برياء.

١٢. الطاعة لكلمات يسوع — ‹‹فَكُلُّ مَنْ يَسْمَعُ أَقْوَالِي هٰذِهِ وَيَعْمَلُ بِهَا يُشَبَّهُ بِرَجُلٍ عَاقِلٍ›› (متى ٧ : ٢٤). البر الحقيقي يسعى إلى أن يعيش الحق في الحياة اليومية، لا أن يسمعه فقط!

هذه ليست مجرد ‹‹أهداف›› روحية عشوائية نضع علامة أمامها. إنها الثمر الطبيعي لقلب تجدد بالروح القدس. ولأن يسوع يستخدم زمن المضارع عن قصد، فإن هذا الجوع والعطش ليس شهوة عابرة لمرة واحدة، بل هو رغبة مستمرة ومتزايدة—استمروا في الجوع والعطش إلى البر. وكما أن أجسادنا تحتاج باستمرار إلى الطعام والماء، هكذا القلب الذي أحياه الله يشتاق باستمرار إلى حياة تُرضيه.

هذا الجوع العميق والمستمر ميّز كل تابع حقيقي للمسيح، خاصة في أزمنة الامتحان. ومن الأمثلة القوية على ذلك كوري تن بوم.

حياة جاعت إلى الحق وسط الظلمة: كوري تن بوم

في أتون الحرب العالمية الثانية، جسدت كوري تن بوم جوعًا وعطشًا عميقين إلى البر لم يستطع الخوف أن يُسكتهما. ففي هولندا التي احتلها النازيون، فتحت كوري وعائلتها بيتهم لليهود الهاربين من الاضطهاد، وهو عمل قاد في النهاية إلى اعتقالهم وسجنهم.

حتى في قذارة معسكر الاعتقال رافنسبروك، لم يَخْبُ شوق كوري إلى الحق. فقد كانت هي وأختها بيتسي تشاركان الكتاب المقدس سرًا مع السجينات الأخريات، هامستين بكلمات الحياة حيث كان الموت يسود. وكان اقتناعهما المدفوع بالإيمان بسيطًا وثابتًا: إن عدل الله ورحمته يستحقان أي ثمن.

وعندما هدد اليأس بأن يسحقهما، ذكّرت بيتسي كوري قائلة:

«لا توجد هوة عميقة إلى حدّ أن
محبة الله ليست أعمق منها.»

هذا الاعتراف——المولود من رحم المعاناة——يكشف جوهر الجوع الروحي: اشتياق عميق جدًا لا تستطيع أي ظلمة أن تطفئه.

تشهد قصة كوري أن الذين يجوعون ويعطشون إلى البر لا تحددهم الظروف، بل موضوع رغبتهم——أن يروا حق الله ورحمته يسودان، حتى في عالم فقد صوابه. هكذا يبدو البر العملي: أن تختار ما هو صواب، مهما كان الثمن، وأن تجد شبعًا عميقًا للنفس في ذاك الذي وعد أن «يُشبَعون».

لسنا كاملين، بل متجهين نحو الله

مثل كوري، الذين يجوعون ويعطشون إلى البر ليسوا أناسًا كاملين. أبدًا. فلا أحد كذلك——حتى بعد الخلاص. لكن اتجاه حياتهم مضبوط نحو إرضاء الله. أعمق رغبة في داخلهم هي أن يسلكوا في الطاعة ويتمتعوا به. وصرخة قلوبهم المستمرة تشبه صرخة واعظ اسكتلندي قديم:

«يا الله، اجعلني قديسًا بقدر
ما يمكن لخاطئ مغفور له أن يكون!»

القلب الذي تجدد حقًا بالنعمة يتألم عندما يفشل في إرضاء الرب. إنه لا يبرر الخطية ولا يبرد؛ بل يرجع——مرة بعد مرة——إلى المسيح بروح منكسرة

ومنسحقة، متوسلًا من أجل التطهير وقوة جديدة. وكما كتب سليمان: «لِأَنَّ ٱلصِّدِّيقَ يَسْقُطُ سَبْعَ مَرَّاتٍ وَيَقُومُ» (أمثال ٢٤ : ١٦)، لأن الله يُسَرّ أن «يُحْيِي رُوحَ ٱلْمُتَوَاضِعِينَ وَيُحْيِي قَلْبَ ٱلْمُنْسَحِقِينَ» (إشعياء ٥٧ : ١٥).

فاطلب من الروح القدس أن يفحص قلبك. هل تعكس حياتك هذا النوع من الموقف والسعي؟ إن كان الأمر كذلك، فتشجع. فهذا الجوع نفسه هو علامة نعمة—دليل حي على الإيمان الحقيقي والطريق إلى شبع روحي عميق. أنت بالفعل تتذوق الطوبى التي وعد بها يسوع الذين يجوعون ويعطشون إلى البر.

كيف يُشبِع الله الذين يشتاقون إلى البر

يعد يسوع: «لأنهم يُشبَعون». هذا الوعد يخص فقط الذين يستمرون في الجوع والعطش إلى البر. اللغة هنا فاعلة من جهتنا لكنها مبنية للمجهول في إتمامها: نحن نشتاق—لكن الله هو الذي يُشبع. وبماذا يُشبِعنا؟ بالشيء نفسه الذي نشتاق إليه: البر عينه.

حتى الآن، نختبر فرح إعلان برّنا أمام الله بالإيمان، أي برّنا الموقفي في المسيح. لكن عندما نشتاق أيضًا أن نعيش بالبر—أن نطيع الله ونُرضيه في حياتنا اليومية—فإن الروح القدس يلاقي هذا الشوق، ويمنحنا القوة لنحوّله إلى واقع عملي. ومع سيرنا في الطاعة، يبدأ جوعنا الروحي أن يجد شبعًا حقيقيًا—فرحًا عميقًا برؤية عمل الله المُغيِّر فينا.

ومع ذلك، بسبب الخطية الساكنة فينا، يبقى هذا الشبع جزئيًا في هذه الحياة. لكن في يوم من الأيام، عندما يعود المسيح، سيصير كاملًا. سنُقام بأجساد ممجَّدة—حرة إلى الأبد من سلطان الخطية—وسنخضع بفرح وكمال لمشيئة الله. تخيّل ذلك: طاعة بلا انقطاع، وفرح بلا توقف، وقلب لا يزيغ أبدًا. هذا هو الملء الذي يعد به يسوع.

هل تستطيع أن تتخيّل عالمًا تتوافق فيه كل فكرة وكل فعل تمامًا مع مشيئة الله؟ أن نفكر دائمًا ونفعل دائمًا ما هو مستقيم في نظر الله؟ حيث لا يكون البر مجرد رغبة، بل يسكن في كل مكان؟ هذا ما ينتظرنا، شخصيًا وعالميًا. وكما كتب بطرس: «وَلٰكِنَّنَا بِحَسَبِ وَعْدِهِ نَنْتَظِرُ سَمَاوَاتٍ جَدِيدَةً وَأَرْضًا جَدِيدَةً، يَسْكُنُ فِيهَا ٱلْبِرُّ» (٢ بطرس ٣ : ١٣). في يوم من الأيام سيسود البر في كل الخليقة، والذين يجوعون إليه الآن سيُشبَعون تمامًا حينئذٍ. هذا هو وعده.

ومع ذلك، فإن وعد يسوع لا يقتصر على المستقبل فقط. حتى الآن، توجد بركات غنية وملموسة لأولئك الذين يسعون إلى البر بكل قلوبهم. يشير الكتاب المقدس إلى ثلاثٍ على الأقل.

ثلاث بركات حاضرة للأبرار

البركة الأولى: ننال يقينًا حقيقيًا وأعمق بخلاصنا

«لِأَنَّ كُلَّ ٱلَّذِينَ يَنْقَادُونَ بِرُوحِ ٱللهِ فَأُولَئِكَ هُمْ أَبْنَاءُ ٱللهِ... ٱلرُّوحُ نَفْسُهُ يَشْهَدُ لِأَرْوَاحِنَا أَنَّنَا أَوْلَادُ ٱللهِ» (رومية ٨ : ١٤–١٦).

الحياة التي تتشكل أكثر فأكثر بالبر تقدّم دليلًا داخليًا قويًا على أن إيماننا حقيقي، ومن هذا الدليل يتدفق اليقين.

لنكن صادقين؛ كثير من الشكوك حول الخلاص تظهر في مواسم العصيان. نسأل أنفسنا: «كيف أكون مخلَّصًا حقًا وأنا أعيش هكذا؟» هذا سؤال عادل. صحيح أن الحياة البارة لا تنال الخلاص، لكنها تشهد له. ويزداد اليقين كلما نمت طاعتنا.

تأمل قصة محاسب مسيحي كان، لسنوات، يمارس أمانة مالية ناقصة بصورة صغيرة لكنها مستمرة في عمله، فشعر بتبكيت وهو يقرأ كلمات يسوع في العظة على الجبل. وعلى الرغم من خوفه من فقدان وظيفته، اعترف بخطئه لمديره، وردّ ما عليه، وقبل تخفيضًا في منصبه.

قال: «كان أصعب شيء فعلته في حياتي، لكنه كان أيضًا الأكثر تحريرًا. لأول مرة منذ سنوات شعرت أنني نقي. واستطعت أن أُصلّي بلا خجل.»

لم يغفر الله له فقط، بل ملأه. ملأه سلامًا ووضوحًا وإدراكًا أعمق لحضوره. هذه هي البركة التي يعد بها يسوع.

البركة الثانية: نختبر قوة أعظم في الصلاة الشخصية والشفاعة

بينما يسمع الله دائمًا أبناءه، يخبرنا الكتاب المقدس أن الحياة البارة تمنح صلواتنا قوة وفاعلية:

«إِنْ رَاعَيْتُ إِثْمًا فِي قَلْبِي لَا يَسْمَعُ لِيَ ٱلرَّبُّ» (مزمور ٦٦ : ١٨).

«طِلْبَةُ ٱلْبَارِّ تَقْتَدِرُ كَثِيرًا فِي فِعْلِهَا» (يعقوب ٥ : ١٦).

الخطية غير المتاب عنها يمكن أن تخلق حاجزًا، ليس لأن الله يبتعد، بل لأن قلوبنا تبتعد عنه. لكن عندما نسلك في البر——المتسم بالتواضع والتوبة والإخلاص——تنسجم صلواتنا مع مشيئته، وهو يسمع بسرور.

إن كنا نرغب في حياة صلاة أعمق وأقوى——شخصيًا وفي الشفاعة——فعلينا أن نسعى إلى البر بكل قلوبنا. كلما ازداد جوعنا إليه، ازددنا اختبارًا لتحرك يد الله الرحيمة استجابةً لصلواتنا.

البركة الثالثة: نصير شهودًا أقوياء للمسيح

الحياة المتغيرة تتكلم بصوت أعلى من أي عظة. قد يناقش الناس اللاهوت أو يرفضوا كلماتنا، لكنهم لا يستطيعون إنكار حياة تتسم بالأمانة والرحمة والطاعة. لذلك يدعو الكتاب المقدس المؤمنين مرارًا إلى أن يعيشوا حياة مقدسة وأصيلة:

«فَلْيُضِئْ نُورُكُمْ هٰكَذَا قُدَّامَ ٱلنَّاسِ، لِكَيْ يَرَوْا أَعْمَالَكُمُ ٱلْحَسَنَةَ وَيُمَجِّدُوا أَبَاكُمُ ٱلَّذِي فِي ٱلسَّمَاوَاتِ» (متى ٥ : ١٦).

«وَأَنْ تَكُونَ سِيرَتُكُمْ بَيْنَ ٱلْأُمَمِ حَسَنَةً، لِكَيْ يَكُونُوا، فِيمَا يَفْتَرُونَ عَلَيْكُمْ كَفَاعِلِي شَرٍّ، يُمَجِّدُونَ ٱللَّهَ فِي يَوْمِ ٱلٱفْتِقَادِ، مِنْ أَجْلِ أَعْمَالِكُمُ ٱلْحَسَنَةِ ٱلَّتِي يُلَاحِظُونَهَا» (١ بطرس ٢ : ١٢).

نحن نعيش في عالم يجوع إلى الأصالة. وعندما تعكس حياتنا باستمرار شخصية يسوع، يبرز ذلك بوضوح. مثل هذه الحياة تصبح شهادة قوية، ولها القدرة أن تجذب الناس. إنها برهان حي أن يسوع حقيقي، وأن لديه القدرة أن يغيّر القلوب ويحوّل الحياة.

حياتنا إمّا أن تؤكد الرسالة التي نكرز بها أو تنقضها——فلتكن دائمًا مؤكِّدة لها بالنعمة والحق!

كيف نُنمّي جوعًا مقدسًا

فكيف يمكننا أن ننمّي هذا النوع من الرغبة—هذا الجوع المقدس—إلى البر؟ يسوع لا يدعونا إليه فقط، بل يُرينا كيف. إليك طريقتين أساسيتين لرعايته يوميًا.

١. اشتق إلى البارّ نفسه، لا إلى البر فقط

في قلب البر الحقيقي ليس قائمة أعمال صالحة، بل قلب يشتاق إلى الله نفسه—مجموع ومصدر كل بر. نحن لا نطلب بركاته فقط؛ بل نطلب حضوره.

عندما تحب شخصًا، ترغب طبيعيًا أن تكون قريبًا منه، وأن تعرفه بعمق، وأن تجلب له الفرح. والأمر نفسه صحيح في علاقتنا بالرب. فكلما طلبناه، تشكّلت رغباتنا لنُرضيه ونُكرمه.

استمع إلى صرخات شعب الله عبر الكتاب المقدس:

«كَمَا يَشْتَاقُ ٱلْإِيَّلُ إِلَى جَدَاوِلِ ٱلْمِيَاهِ، هٰكَذَا تَشْتَاقُ نَفْسِي إِلَيْكَ يَا ٱللَّهُ» (مزمور ٤٢ : ١).

«يَا ٱللَّهُ، إِلٰهِي أَنْتَ، إِلَيْكَ أُبَكِّرُ. عَطِشَتْ إِلَيْكَ نَفْسِي، يَشْتَاقُ إِلَيْكَ جَسَدِي فِي أَرْضٍ نَاشِفَةٍ وَيَابِسَةٍ بِلَا مَاءٍ» (مزمور ٦٣ : ١).

«بِنَفْسِي ٱشْتَهَيْتُكَ فِي ٱللَّيْلِ. أَيْضًا بِرُوحِي فِي دَاخِلِي أُبَكِّرُ إِلَيْكَ. لِأَنَّهُ حِينَ تَجْرِي أَحْكَامُكَ فِي ٱلْأَرْضِ، يَتَعَلَّمُ سُكَّانُ ٱلْمَسْكُونَةِ ٱلْبِرَّ» (إشعياء ٢٦ : ٩).

هذه ليست صلوات رسمية أو طقسية؛ بل صرخات شغوفة لأناس ذاقوا صلاح الله ولا يكتفون. هذه هي نقطة البداية:

<u>الجوع إلى البر يبدأ
بالجوع إلى البارّ.</u>

عندما يكون أعمق اشتياقنا هو الله نفسه، يتبع البر طبيعيًا. ويصير فيضًا من قلب أُسِرَّ بحضوره.

٢. أطعِم هذا الاشتياق بكلمة الله

عندما نحب الله، نرغب أن نعرف ما يُرضيه. والمكان الوحيد الذي نكتشف فيه رغباته ومعاييره وقلبه هو كلمته—الكتاب المقدس. إن كان البر يعني أن نعيش

باستقامةٍ في عيني الله، فلا بد أن تصير كلمته غذاءنا اليومي لنعرف كيف نحيا.

لهذا نرى، عبر الكتاب المقدس، شعب الله يعبّرون باستمرار عن شوقهم العميق وفرحهم بكلمته:

«اشْتَاقَتْ نَفْسِي إِلَى أَحْكَامِكَ فِي كُلِّ حِينٍ» (مزمور ١١٩ : ٢٠).

«لَمْ أَحِدْ عَنْ وَصِيَّةِ شَفَتَيْهِ. ذَخَرْتُ كَلَامَ فَمِهِ أَكْثَرَ مِنْ فَرِيضَتِي» (أيوب ٢٣ : ١٢).

«وُجِدَ كَلَامُكَ فَأَكَلْتُهُ، فَكَانَ كَلَامُكَ لِي لِلْفَرَحِ وَلِبَهْجَةِ قَلْبِي، لِأَنِّي دُعِيتُ بِٱسْمِكَ يَا رَبُّ إِلَهَ ٱلْجُنُودِ» (إرميا ١٥ : ١٦).

«لَيْسَ بِٱلْخُبْزِ وَحْدَهُ يَحْيَا ٱلْإِنْسَانُ، بَلْ بِكُلِّ كَلِمَةٍ تَخْرُجُ مِنْ فَمِ ٱللَّهِ» (متى ٤ : ٤).

الأمر ليس جمع معلومات كتابية؛ بل لذّة طائعة. كلما تغذّينا بكلمة الله بقلب مستعد للطاعة، ازداد جوعنا له. ويصبح الأمر دائرة روحية جميلة:

الاشتياق إلى الله← يقود إلى الاشتياق إلى كلمته ← يقوّي النفس ← يُنتج طاعة
← يُعمّق جوعنا الروحي.

لكن العكس صحيح أيضًا:

إهمال الله ← يقود إلى إهمال كلمته ← يُضعف النفس ← يُنتج عصيانًا
← يُبلّد جوعنا الروحي.

فاسأل نفسك: بماذا أُغذّي نفسي؟ ماذا تكشف شهواتي؟ كما يقول المثل: «أنت ما تأكله». إن كانت نفسك تتغذّى بأمور العالم، فسوف يبهت اشتياقك لأمور الله. أما إن تعمّدت أن تتغذّى بحضوره وكلمته، فستكتشف جوعًا يُشبع ويتضاعف في آنٍ واحد.

يحثّنا بطرس أن نطرح «كُلَّ خُبْثٍ وَكُلَّ مَكْرٍ وَٱلرِّيَاءَاتِ وَٱلْحَسَدَ وَكُلَّ مَذَمَّةٍ» وأن «كَأَطْفَالٍ مَوْلُودِينَ ٱلْآنَ، اشْتَهُوا ٱللَّبَنَ ٱلْعَقْلِيَّ ٱلْعَدِيمَ ٱلْغِشِّ، لِكَيْ تَنْمُوا بِهِ» (١ بطرس ٢ : ١–٣).

خذ بضع لحظات واسأل نفسك بصدق:

- هل أشاهد أو أستهلك أمورًا تُبلّد رغبتي في الله؟
- هل أركض وراء مساعٍ عالمية أكثر من السماوية؟
- هل علاقاتي تقرّبني من مشيئة الله أم تُبعدني عنها؟
- هل أشتاق يوميًا إلى كلمة الله وأتغذّى بها؟

بمعنى آخر، إلى ماذا أجوع حقًا؟

تحدٍّ محبّ

في جنوب الهند، توجد عادة تُمارَس غالبًا عندما يموت شخص. أذكر أنني فعلتها بنفسي وأنا طفل صغير—قبل أن أعرف المسيح—عندما توفي والدي. في هذا الطقس، توضع قبضة من الأرز في فم الميت، رمزًا للغذاء للنفس بعد الموت. لكن عندما يُحمل الجسد إلى مكان الدفن، يبقى الأرز كما هو دون أن يُمسّ. لماذا؟ لأن الموتى لا يجوعون ولا يعطشون بعد الآن.

هذه الصورة تحمل حقيقة روحية مهيبة: الموتى روحيًا لا يجوعون ولا يعطشون إلى البر. فإذا كنت تعترف بأنك مسيحي، ومع ذلك لا تشعر بأي اشتياق لفعل ما هو مستقيم في نظر الله، فعليك أن تطرح على نفسك سؤالًا جادًا: هل أنا حيّ روحيًا؟

تذكّر، العظة على الجبل ليست مجرد قائمة مُثل أخلاقية، بل هي مرآة يرفعها يسوع ليكشف ما إذا كنا ننتمي إليه حقًا. وتحذيره قرب النهاية يجعل هذا واضحًا بلا لبس:

«لَيْسَ كُلُّ مَنْ يَقُولُ لِي: يَا رَبُّ، يَا رَبُّ، يَدْخُلُ مَلَكُوتَ ٱلسَّمَاوَاتِ. بَلِ ٱلَّذِي يَفْعَلُ إِرَادَةَ أَبِي ٱلَّذِي فِي ٱلسَّمَاوَاتِ» (متى ٧ : ٢١).

إحدى علامات فعل مشيئة الآب هي جوع عميق ومتزايد إلى البر، إلى حياة تُرضيه. وإن كان هذا الجوع غائبًا، فهل يمكننا بأمانة أن نزعم أننا أولاده؟

يجب ألا نخدع أنفسنا. إن كانت حياتنا لا تُظهر أي دليل على البر، فالدعوة واضحة: تُب بلا تأخير. يجب أن نأتي إلى المسيح بانكسار متواضع، معترفين بخطيتنا، واثقين بالكامل في موته وقيامته لأجل الغفران. هناك تبدأ الحياة الحقيقية: عندما يعلننا الله أبرارًا في نظره.

ومنذ تلك اللحظة، يعمل الروح القدس—المُعطى لكل مؤمن حقيقي—داخلنا لينمي جوعًا أعمق فأعمق إلى البر. والله الذي وضع هذا الاشتياق في داخلنا يعد أن يُشبعه بالكامل.

وفي يومٍ ما، عندما يعود المسيح، سيُشبَع هذا الجوع إشباعًا كاملًا ونهائيًا— حين نحيا في طاعة كاملة وفرح غير منقطع أمامه إلى الأبد.

يا رب، إن لم يكن في قلبي جوع لما يُرضيك، فأيقظني. وبكّتني، وطهّرني، وأعطني نعمة أن آتي إليك
بتوبة وإيمان.
أريد أن أجوع إلى البر—وإليك—أكثر من أي شيء آخر. آمين.

التحذير الأبدي الذي لا يمكننا تجاهله

الذين يرفضون حياة الجوع والعطش إلى البر سيجوعون ويعطشون يومًا ما إلى شيء آخر تمامًا—الراحة من عذابات الجحيم (لوقا ١٦ : ٢٤). لكن في ذلك المكان لن يُروى عطشهم أبدًا، ولن يُشبَع جوعهم أبدًا. يا لها من أبدية مأساوية ومرعبة وخالية تمامًا من الرجاء تنتظر الذين يتجاهلون دعوة يسوع الجادة إلى البر.

نحن ما نأكله. إن كانت نفوسنا تتغذّى باستمرار على الخطية والذات والتمرد، فمصيرنا النهائي سيكون انفصالًا أبديًا عن الله—مكان عذاب لا ينتهي. أما إن تغذّينا على البر—إن اشتقنا إلى ما هو مستقيم في نظر الله—فمصيرنا سيكون فرحًا أبديًا فائضًا في حضوره المجيد.

شهيتان. مصيران. بماذا تُغذّي نفسك اليوم؟

ليُعنّا الله أن نختار طريق الفرح الأبدي، وأن نجوع ونعطش إلى البر إلى اليوم الذي نُشبَع فيه تمامًا وإلى الأبد فيه.

طوبى حقًا للجياع والعطاش
إلى البر، لأنهم هم وحدهم
سيُشبَعون يقينًا.

وله الذي يجعل هذا كله ممكنًا:

«وَٱلْقَادِرُ أَنْ يَحْفَظَكُمْ غَيْرَ عَاثِرِينَ، وَيُوقِفَكُمْ أَمَامَ مَجْدِهِ بِغَيْرِ عَيْبٍ فِي ٱلْٱبْتِهَاجِ، ٱلْإِلٰهُ ٱلْحَكِيمُ ٱلْوَحِيدُ مُخَلِّصُنَا، لَهُ ٱلْمَجْدُ وَٱلْعَظَمَةُ وَٱلْقُدْرَةُ وَٱلسُّلْطَانُ، ٱلْآنَ وَإِلَى كُلِّ ٱلدُّهُورِ. آمِينَ» (يهوذا ١ : ٢٤–٢٥).

آية للحفظ

«طوبى للجياع والعطاش إلى البر لأنهم يُشبَعون» (متى ٥ : ٦).

صلاة

يا رب يسوع، كثيرًا ما أركض وراء العالم وشهواته. اغفر خطاياي الخفية والمتعمدة؛ ولا تدعها تتسلط عليّ. علّمني أن أحب كلمتك وطرقك، وأن أكره الشر. أعنّي أن أجوع وأعطش إلى برّك. طرقك ثابتة، وكلها عادلة. اجعلها أثمن عندي من الذهب، يا ربّي وصخرتي وفاديّ. املأني شوقًا إليك وحدك إلى اليوم الذي أُشبَع فيه تمامًا في حضورك إلى الأبد. آمين.

أسئلة للنقاش

١. ماذا يعني أن تجوع وتعطش إلى البر في حياتك اليومية؟
٢. ماذا تُظهر أولوياتك وعاداتك عمّا يسعى إليه قلبك حقًا؟
٣. هل توجد أمور في حياتك قد تُبلّد رغبتك في الله وطرقه؟
٤. كيف يمكنك أن تنمّي شهيتك لبرّ الله هذا الأسبوع؟
٥. كيف يشجّعك وعد الله أن «يُشبِع» الذين يطلبونه في أوقات الجفاف الروحي أو المواسم الصعبة؟

التطويبة الخامسة

طوبى للرحماء

متى ٥ : ٧ – «طوبى للرحماء لأنهم يُرحَمون».

عندما كان جون ويسلي مرسلًا في جورجيا، كان هناك حاكم سرق أحد عبيده جرّة خمر وشربها. فغضب الحاكم وطلب أن يُجلَد الرجل. توسّل ويسلي طالبًا الرحمة، لكن الحاكم أجاب بحدّة: «أريد الانتقام. أنا لا أغفر أبدًا». فردّ ويسلي بهدوء: «إذًا أرجو من الله يا سيدي ألا تُخطئ أبدًا».

لم تكن الرحمة مُحتقرة في أيام ويسلي فقط، بل أيضًا في أيام يسوع. فقد اعتبرها اليونانيون والرومان ضعفًا، بل إن أحد الفلاسفة الرومان وصف الرحمة بأنها «مرض في النفس». وفي مثل هذه الثقافة القاسية التي تقوم على الكبرياء والشرف، نطق يسوع بهذه الكلمات المدهشة: «طوبى للرحماء لأنهم يُرحَمون».

وحتى اليوم، كثيرًا ما تمجّد ثقافتنا الانتقام والمرارة وحب الذات أكثر من الشفقة. لكن يسوع يدعو أتباعه إلى طريق مختلف جذريًا: أن يعيشوا كأناس مميّزين بالرحمة. إنها دعوة أخرى لحياة تسير عكس التيار! فبحسب يسوع، الرحمة ليست مرضًا في النفس، بل هي أوضح علامة على نفسٍ شُفيت من مرض الخطية. هذه هي الحياة «المباركة» حقًّا—الحياة التي تنال رضا الله.

فهم معنى الرحمة

الرحمة كلمة جميلة، وهي من أثمن حقائق الإيمان المسيحي. يعرّفها أحد القواميس اليونانية بأنها «الصفة الأخلاقية التي تعبّر عن الشعور بالشفقة، ولا سيما إظهار اللطف تجاه المحتاج. ويمكن أن تشير إلى لطف الإنسان وإلى لطف الله نحو البشر».

وتُجسّد القصة التالية من التاريخ الطبيعة الحقيقية للرحمة:

أُلقي القبض على جندي في جيش الإسكندر الأكبر بعد أن هرب، وكان عقابه الموت. فجاءت أمه وتوسّلت إلى الإسكندر مرارًا قائلة: «أرجوك ارحمْه».
فأجابها الإسكندر: «إنه لا يستحق الرحمة».
فقالت الأم الحكيمة: «لو كان يستحقها، لما كانت رحمة».

هذا الردّ يختصر جوهر الرحمة—فهي لا تُستحق أبدًا. الرحمة هي شفقة تتحوّل إلى عمل، قرار مقصود بإظهار اللطف لمن لا يستحقه. وقد وصفها كاتب مجهول هكذا: «الرحمة تفهم الألم، وتشعر بالألم، وتتحرك لشفاء الألم».

أي أن الرحمة تشمل العقل إذ تفهم الألم، وتشمل العاطفة إذ تشعر به، وتشمل الإرادة إذ تعمل على علاجه.

رحمة الله في العمل

وهكذا تمامًا يُظهر الله رحمته نحونا. لقد رأى الخراب الذي جلبته الخطية على البشرية، وتحرك بدافع الشفقة، فأرسل ابنه ليشفي كسرنا. الله يحجب عنا ما تستحقه خطايانا: الدينونة. هذه هي الرحمة. ثم يعطينا ما لا يمكن أن نستحقه أبدًا: حياة جديدة في المسيح. هذه هي النعمة.

يذكّرنا بطرس: «مبارك الله أبو ربنا يسوع المسيح، الذي حسب رحمته الكثيرة ولدنا ثانيةً لرجاء حيٍّ بقيامة يسوع المسيح من الأموات» (١ بطرس ١ : ٣).
ويؤكد بولس هذه الحقيقة واصفًا الله بأنه «غني في الرحمة» (أفسس ٢ : ٤). ويدعونا كاتب العبرانيين أن نتقدم بثقة إلى عرش النعمة لكي «ننال رحمة ونجد نعمة عونًا في حينه» (عبرانيين ٤ : ١٦).

ويعبّر النبي ميخا عن قلب الله قائلًا:
«من هو إله مثلك غافر الإثم وصافح عن الذنب لبقية ميراثه؟ لا يحفظ إلى الأبد غضبه، فإنه يسرّ بالرأفة» (ميخا ٧ : ١٨).

نحن كمؤمنين نعترف أن الجميع أخطأوا بطرق كثيرة ضد إلهنا القدوس. وندرك أنه لولا رحمته لما استحقنا إلا دينونته العادلة: الموت والانفصال الأبدي عن حضوره. قال أحدهم: «لو أُعطينا لمحة واحدة عمّا كنا سنكون عليه لو نلنا ما نستحقه، لطارَدَتنا الكوابيس بقية حياتنا».

ومع ذلك، يخبرنا ميخا أن الله يسرّ بإظهار الرحمة. يا لها من بشارة مدهشة! لا ننال ما نستحقه بحق، بل نُعطى رحمة مجانًا. هذا هو الإنجيل في أنقى صوره: شفقة إلهية تحرّكت إلى عمل لأجل أناس لا يستطيعون خلاص أنفسهم.

دعوتنا لنكون رحماء

أعلن النبي ميخا: «قد أخبرك أيها الإنسان ما هو صالح، وماذا يطلبه منك الرب إلا أن تصنع الحق وتحب الرحمة وتسلك متواضعًا مع إلهك» (ميخا ٦ : ٨). الإله الذي يسرّ بإظهار الرحمة يدعو شعبه ليس فقط أن ينالوا الرحمة، بل أن يحبّوها ويفرحوا بإظهارها للآخرين.

الذين اختبروا رحمة الله مأمورون أن يمدّوا هذه الرحمة نفسها للآخرين— بالروح السخيّة ذاتها التي أظهرها الله لهم. هذا هو تعليم يسوع في متى ٥ : ٧، وأيضًا في لوقا ٦ : ٣٦: «كونوا رحماء كما أن أباكم أيضًا رحيم».

هنا يصف يسوع أسلوب الحياة الحقيقي لأتباعه—أناس مميّزون بالرحمة. وهذه الرحمة لا تُثبت بالكلام أو بالمشاعر الدينية، بل بأعمال عملية ظاهرة، وغالبًا مكلفة، من الشفقة. فالرحماء لا يُعجبون بالرحمة فقط، بل يمارسونها.

بركة الله تستقر على مثل هؤلاء. هم الذين ينالون الرحمة ويُظهرونها، ولهم هذا الوعد الجميل: «إنهم يُرحَمون».

إن الدعوة إلى أن نكون رحماء ليست اختيارية، بل هي العلامة الواضحة التي لا تُخطئ للذين ينتمون إلى ملكوت السماوات.

خطر عدم إظهار الرحمة

إن رفض إظهار الرحمة يحمل عواقب روحية خطيرة. يوضح يسوع بشكل لا لبس فيه أن الرحماء وحدهم هم الذين يُرحَمون. وفي وقت لاحق من خدمته، أكّد هذه الحقيقة في مثل العبد القاسي (متى ١٨ : ٢١-٣٥). ومن خلال هذا المثل، لا يعرّف يسوع الرحمة فحسب، بل يبيّن أيضًا المسؤولية الحتمية على كل من نال الرحمة أن يمدّها للآخرين. فالفشل في ذلك يستجلب دينونة الله العادلة والشديدة.

يروي المثل عن عبدٍ كان مدينًا لملكه بدَينٍ ضخم لا يمكن سداده (ع ٢٤). ووفقًا لناموس ذلك الزمان، «أُمر أن يُباع هو وامرأته وأولاده وكل ما له ليوفي الدين» (ع ٢٥). وكان هذا النوع من العبودية بسبب الدين عقوبةً وتعويضًا في آنٍ واحد—ومع ذلك، حتى عمرٌ كامل من العبودية لم يكن ليسدّ مثل هذا الدين الهائل.

في يأسه، خرّ العبد على ركبتيه متوسّلًا طالبًا الإمهال (ع ٢٦). فتحرّك الملك بالشفقة «وأطلقه وترك له الدين» (ع ٢٧)—صورة مدهشة لرحمة الله تجاه كل من يتوب توبة حقيقية.

لكن القصة تأخذ منعطفًا صادمًا. فالعبد نفسه خرج فوجد عبدًا آخر له بمبلغ زهيد جدًا مقارنةً بما غُفر له. فأمسكه وخنقه مطالبًا بالسداد (ع ٢٨). ولما توسّل إليه رفيقه بكلمات تكاد تكون مطابقة لما قاله هو للملك، رفض أن يرحمه وألقاه في السجن (ع ٢٩-٣٠). وهنا ينكشف قلبه: نال الغفران لكنه لم يغفر، أُظهرت له الرحمة لكنه كان بلا رحمة.

وعندما سمع الملك بما حدث قال له: «أيها العبد الشرير... كل ذلك الدين تركته لك لأنك طلبت إليّ. أفما كان ينبغي أنك أنت أيضًا ترحم العبد رفيقك كما رحمتك أنا؟» (ع ٣٢-٣٣). هذه العبارة—«كما رحمتك أنا»—تكشف جوهر الأمر. فالذين نالوا رحمة الله مأمورون—وملزمون—أن يُظهروا الرحمة نفسها للآخرين.

وينتهي المثل بتحذير مهيب: إذ سلّم الملك العبد إلى المعذِّبين حتى يوفي كل ما كان عليه (ع ٣٤)، في صورة لدينونة شديدة. ويختم يسوع قائلًا: «هكذا أبي السماوي يفعل بكم إن لم تتركوا كل واحد لأخيه من قلوبكم» (ع ٣٥).

كما قال أحد الكتّاب:

القلب المتغيّر ينتج حياة متغيّرة
تُقدّم للآخرين نفس الرحمة والغفران
اللذين نلناهما من الله.

إن الفشل في الغفران يكشف قلبًا لم يتغيّر حقًا. فالكتاب المقدس يعلّم باستمرار أن الذين غُفر لهم هم أناس يغفرون. أما الذين يحجبون الرحمة فيُظهرون أنهم لم ينالوها حقًا، ولذلك يبقون تحت دينونة الله.

ويؤكد يعقوب هذه الحقيقة بأسلوب قوي:

«تكلموا وافعلوا كعتيدين أن تُحاكَموا بناموس الحرية، لأن الحكم هو بلا رحمة لمن لم يعمل رحمة. والرحمة تفتخر على الحكم» (يعقوب ٢ : ١٢–١٣).

قد تبدو الرحمة والدينونة متعارضتين، لكن كلتيهما تعبير عن برّ الله. غير أن الذين يرفضون إظهار الرحمة، سينالون الدينونة لا الرحمة.

الذين نالوا رحمة الله حقًا سيمدّونها للآخرين الآن، وسينالون ملأها في الأبدية. أما الذين يحجبون الرحمة — مهما أعلنوا إيمانهم بصوت عالٍ — فحياتهم تكشف أنها لم تتأثر برحمة الله. وفي النهاية، سينالون دينونة لا رحمة.

العالم يجد لذة في الانتقام، ويسهر ليلًا يخطط للثأر. أما أتباع المسيح فمدعوون لرفض حتى الرغبة في الانتقام، وأن يجدوا سرورهم في الرحمة. عندما نُظهر الرحمة — من دون تبرير الشر، بل بالاستجابة بنعمة فادية — فكثيرًا ما نليّن حتى القلوب القاسية.

نعم، لا يمكن أن تحدث مصالحة حقيقية بلا توبة. لكن للرحمة قدرة على إيقاظ القلوب التي قسّتها المرارة عبر السنين، وفتح الأبواب لتوبة ومصالحة حقيقيتين. وحتى إن لم تؤدِّ الرحمة إلى تغيير في الشخص الآخر، فإنها تغيّرنا نحن. فهي توائم قلوبنا مع قلب الله.

جمال الرحمة

الرحمة أمر جميل. لولاها لكنا أنا وأنت هالكين إلى الأبد في الجحيم. لكن برحمته أرسل الله المسيح ليحمل الدينونة التي نستحقها، لكي ننال بدل العذاب الأبدي حياة أبدية معه. وعندما تصبح الرحمة أسلوب حياة ثابتًا لنا، فإننا نُظهر أننا قد نلنا حقًا رحمة الله الخلاصية — وأننا سنختبرها يومًا ما في ملئها الكامل. وهذا هو الدليل الثابت على الخلاص الحقيقي (متى ٦ : ١٤؛ كولوسي ٣ : ١٣).

لكن الرحمة لا تتعلق بالأبدية فقط؛ بل بالحياة الحاضرة أيضًا، خصوصًا في كيفية تعاملنا مع بعضنا البعض. فالروح الانتقادية والدينونة تُدمّران الألفة في كل العلاقات، بما في ذلك الزواج. فإذا كان أحد الزوجين أو كلاهما ينتقد باستمرار أو يحتفظ بالضغائن، فكيف يمكن أن تنمو الألفة؟ عاجلًا أم آجلًا سيرغب كلٌّ منهما في الابتعاد عن الآخر.

لهذا يحثّنا ميخا أن «نحب الرحمة». هذا هو قلب الله، وهو يريد لشعبه أن يقتدي بطرقه. ولا يوجد مكان أفضل لتطبيق ذلك من البيت، لا سيما في علاقتنا مع أزواجنا.

تُروى قصة عن زوجة تعرّضت لحادث أثناء قيادتها سيارة جديدة تمامًا. كانت منزعجة وخائفة مما قد يقوله زوجها، فأسرعت تفتح درج السيارة لتُخرج أوراق التأمين.
وعندما أخرجتها وجدت ملاحظة بخط يد زوجها تقول:
«عزيزتي مريم، عندما تحتاجين هذه الأوراق، تذكّري أنني أحبكِ أنتِ، لا السيارة!»

كلّنا مكسورون وخطاة بطبيعتنا، ولذلك لا يمكن لأي علاقة—وخاصة الزواج—أن تستمر دون تدفّق دائم من الرحمة. فحيث لا توجد رحمة، لا يمكن أن توجد ألفة حقيقية. نعم، قد يبقى الزوجان متزوجين لعقود، لكن بدون رحمة ستستمر العلاقة شكليًا فقط، ولن تزدهر.

قال رجل لراعيه ذات مرة إنه كثير الشجار مع زوجته. فسأله الراعي ماذا يحدث أثناء تلك المشاجرات. أجاب الرجل: «في كل مرة نتشاجر، تصبح زوجتي تاريخية». ابتسم الراعي وقال: «تقصد هستيرية». فقال الزوج: «لا، تاريخية! فهي تُعيد ذكر أمور حدثت قبل عشرين أو ثلاثين سنة».

هكذا يحدث عندما تغيب الرحمة. الاحتفاظ بسجلات الماضي وتكرار الجراح القديمة يجعل الألفة الحقيقية والعلاقات الصحية مستحيلة. أما الرحمة فتُحرّر العلاقات من قيود الماضي. تجعل الغفران ممكنًا. تعيد الرقة. وتعكس الرحمة التي نلناها نحن من الله.

الرحمة ليست خيارًا، وليست علامة ضعف. إنها ضرورة إنجيلية. بدونها تتداعى العلاقات، وتتقسى القلوب، ويُحجب شاهدنا لرحمة المسيح. أما حيث تتدفق الرحمة بحرية، تزدهر العلاقات—الإلهية والبشرية—ويشرق جمال قلب الله من خلال شعبه.

كيف ننمو في إظهار الرحمة

فكيف نحبّ الرحمة؟ وكيف نجد لذّتنا في إظهارها؟

يبدأ الأمر بأن نتذكّر باستمرار مَن نحن وماذا نلنا. فالرحمة تنمو في تربة الشكر. عندما نفحص خطايانا بانتظام، ونتأمل في الغفران الذي نلناه من خلال آلام ابن الله——الذي حمل دينونتنا على ذلك الصليب القاسي ليشتري عفوَنا—— تبدأ قلوبنا بالتغيّر.

ونذكّر أنفسنا مرارًا وتكرارًا:

أنا أستحق الجحيم. ومع ذلك، يا الله، لقد أظهرتَ لي رحمة، وما زلتَ تُظهرها لي——أنا الخاطئ الذي لا يستحق لحظة واحدة من لطفك. يا يسوع، عندما أنظر إليك أرى التجسيد الكامل للرحمة.
ساعدني لأكون مثلك.

عندما يصبح هذا هو اتجاه قلوبنا، يتغيّر كل شيء. لن نستطيع أن نقول: «أرفض أن أُظهر الرحمة لمن أساء إليّ».

فلا يمكننا أن نستمر في النظر إلى الصليب——ونرى المخلّص المصلوب ينزف ويتألم ويتحمّل العقاب الذي استحقته خطايانا——ثم نقول: «لا أستطيع أن أغفر لهم».

يا أصدقاء، الرحمة لا تُعطى لمن يستحقها. لو كانوا يستحقونها، لما كانت رحمة أصلًا، أليس كذلك؟

وكلما أدركنا أكثر ثِقل خطيتنا وعمق رحمة المسيح، يعمل الروح القدس على تليين قلوبنا. وتبدأ الإساءات——سواء كانت بسيطة أو عميقة——بفقدان قبضتها علينا. وتحلّ الرحمة مكانها.

كلما ثبتت أنظارنا على يسوع، ضاق المكان في قلوبنا للمرارة، واشتدّت رغبتنا في أن نعكس رحمته للآخرين.

أن نعيش ما نلناه

هل يوجد في حياتك شخص تحتاج أن تُظهر له رحمة؟ إذًا افعل ذلك، لا بدافع الإلزام أو كواجب ثقيل يقول: «يجب أن أُظهر الرحمة»، بل بفرح يقول: «أُعطيت امتياز أن أُظهر الرحمة. مجانًا أخذت، مجانًا أُعطي!»

لكن هذا النوع من الرحمة لا يمكن أن يتدفّق إلا من قلب يحبّ الرحمة. ونحن لا ننمو في حبّ الرحمة إلا عندما نتأمل بعمق وباستمرار في الرحمة التي أظهرها الله لنا في المسيح (رومية ١٢ : ١–٢).

تذكّروا أن إظهار الرحمة ليس أمرًا اختياريًا، بل هو دليل واضح على قلب مُفتدى. فقد بدأ ميلادنا الجديد عندما نلنا الرحمة: حين، في فقر الروح، حزنّا على خطيتنا، وبوداعة توجّهنا إلى المسيح طالبين الرحمة. ومنذ تلك اللحظة، والروح القدس يشكّل فينا جوعًا وعطشًا إلى البر—حياة تسير في طرق الله وتجد سرورها في إظهار الرحمة للآخرين.

لذا أسألك:

<u>هل نلتَ شخصيًا رحمة الله الخلاصية؟</u>

ربما تجد صعوبة في إظهار الرحمة لأنك لم تختبرها حقًا. ربما لم ترَ خطيتك في بشاعتها الكاملة، أو لم تجرِ إلى الصليب طالبًا الرحمة.

إن كان الأمر كذلك، فاطلب من الله أن يفتح عينيك. اطلب منه أن يُريك خطيتك، ثم أن يقودك إلى الصليب حيث تتدفّق الرحمة. فهذه هي نقطة البداية. وعندما تنال رحمته، ستملك القدرة على أن تُظهرها للآخرين.

وهذه الرحمة—الآتية من المسيح—لها قدرة على تغيير الحياة. يمكنها أن تشفي العلاقات، وتردّ القلوب، بل وتقود الآخرين إلى الخلاص.

اسمحوا لي أن أختتم بتذكير أخير:

<u>التطويبات ليست مجرد أقوال جميلة، بل هي مرآة روحية يرفعها يسوع أمامنا لنرى إن كنا ننتمي إليه حقًا. هل أنت حقًا ابنٌ لله؟ إن كان الأمر كذلك، فهذا الوعد لك:</u>

<u>«طوبى للرحماء، لأنهم وحدهم سيُرحَمون»</u>
<u>عندما يأتي يسوع،</u>
<u>التجسيد الكامل لكل رحمة،</u>
<u>ليملك ملكًا في كل مجده!</u>

آية للحفظ

«طوبى للرحماء لأنهم يُرحَمون» (متى ٥ : ٧).

صلاة

يا الله، أشكرك على الرحمة العظيمة التي أظهرتها لي وأنا بعدُ خاطئ. أعنّي أن أُظهر نفس نوع الرحمة للآخرين، وأن أغفر كما غفرتَ لي. آمين.

أسئلة للنقاش

١. ماذا يعني حقًا أن تكون رحيمًا؟ وكيف يختلف ذلك عن مجرد أن تكون «لطيفًا»؟

٢. لماذا يرى البعض الرحمة ضعفًا؟ وكيف يتحدّى يسوع هذا المفهوم؟

٣. بحسب مثل العبد القاسي (متى ١٨ : ٢١–٣٥)، ماذا يكشف غياب الرحمة عن علاقة الشخص بالله؟

٤. في أي مواقف تميل إلى طلب الانتقام أو الاحتفاظ بضغينة بدلًا من إظهار الرحمة؟ وما الأكاذيب التي تغذّي هذا الميل؟

٥. كيف يساعدك تذكّر رحمة الله نحوك على أن تُظهر الرحمة للآخرين؟

٦. هل يوجد شخص الآن قد يكون الله يدعوك أن تُظهر له رحمة؟ وما الذي يجعل ذلك صعبًا؟

التطويبة السادسة
طوبى لأنقياء القلب

متى ٥ : ٨ ـ «طوبى لأنقياء القلب لأنهم يعاينون الله».

الاشتياق إلى رؤية الله

لو كان بإمكانك أن ترى شيئًا واحدًا ـ أيّ شيء على الإطلاق ـ فماذا سيكون؟

قد يختار معظم الناس أن يروا شخصًا عزيزًا فقدوه، أو لمحة من مستقبلهم، أو مشهدًا أخّاذًا من بقعة ساحرة في العالم. لكن كم شخصًا سيقول بصدق: «أريد أن أرى الله»؟

بالنسبة لكثيرين في العالم، يبدو الله بعيدًا ـ بل ومُخيفًا أحيانًا. لكن عندما يستيقظ القلب بالنعمة، يتغيّر هذا الشعور تمامًا. فالذي التقى بالمسيح حقًا يبدأ يشعر باشتياق عميق لا يتزعزع: «أريد أن أرى الله. أريد أن أتأمل جماله في وجه المسيح. أشتاق إلى حضوره».

هذا الاشتياق ليس عاطفيًا فحسب، بل روحي. إنه يتدفّق من قلب أيقظه الروح ويتحوّل باستمرار بالنعمة.

هذا الشوق ليس جديدًا. فقد تضرّع موسى قائلًا: «أرني مجدك» (خروج ٣٣ : ١٨)، وردّد داود الصرخة ذاتها: «واحدة سألت من الرب وإياها ألتمس: أن أسكن في بيت الرب كل أيام حياتي، لكي أنظر إلى جمال الرب» (مزمور ٢٧ : ٤). فعبر صفحات الكتاب المقدس، كان الذين عرفوا الله أكثر هم الأكثر اشتياقًا لرؤيته.

هذا الجوع لرؤية الله جميل، لكنه أيضًا يسير عكس تيار الثقافة. فنحن نعيش في عالم يمجّد تحقيق الذات لا تطهير الذات. والتطويبات، بما فيها هذه، تدعونا

إلى نوع مختلف جذريًا من الحياة. إنها لا تُجري تعديلات سطحية على حياتنا، بل تغيّر قلوبنا من الداخل إلى الخارج.

لكن هذا يثير سؤالًا مهمًا: إن كان أنقياء القلب وحدهم هم الذين يعاينون الله، فماذا يعني حقًا أن يكون لنا قلب نقي؟

الرغبة صالحة—لكن هل تكفي؟

شيءٌ أن نرغب في رؤية الله، وشيءٌ آخر أن نتيقّن أننا سنراه. هذا هو السؤال الذي يجيب عنه يسوع في متى ٥ : ٨: «طوبى لأنقياء القلب لأنهم يعاينون الله».

إنه وعد مدهش من يسوع. لكنه أيضًا وعد حصري: أنقياء القلب وحدهم هم الذين يعاينون الله. ليس فقط أصحاب السلوك الحسن، ولا المتدينين ظاهريًا، ولا المستقيمين أخلاقيًا. بل الذين هم أنقياء في الموضع الأهم—القلب. هؤلاء وحدهم.

فماذا يعني أن يكون الإنسان «نقي القلب»؟ وكيف نعرف إن كان هذا يصفنا حقًا؟

النافذة المليئة بالضباب

تخيّل أنك تقف أمام نافذة زجاجية ضخمة تطلّ على منظر خلاب—جبال شاهقة، أفق ذهبي، ووادي يغمره النور. لكن الزجاج مغطى بالضباب. أنت تعلم أن الجمال موجود، لكنك لا تراه بوضوح. المشهد مشوّش ومحجوب.

هكذا تفعل الخطية بقلب الإنسان. إنها تعكّر رؤيتنا لله. قد نؤمن بوجوده بل ونشتاق إليه، لكن من دون نقاوة تبقى رؤيتنا خافتة—محجوبة بالكبرياء والعار وأصنام خفية.

يسوع لا يعدنا بالمشهد فحسب، بل يعطينا مفتاح الرؤية الواضحة: قلبًا طهّرته النعمة.

إلى أين تقودنا هذه التطويبة

هذه التطويبة ليست دعوة إلى الإدانة، بل دعوة إلى التأمل وإلى اشتياق أعمق.

يسوع لا يضع معيارًا مستحيلًا، بل يوقظ جوعًا مقدسًا. الدعوة إلى نقاوة القلب ليست سعيًا إلى كمال بلا عيب، بل اتجاه حياة—حياة مُسلَّمة بالكامل لله وتتطهّر باستمرار برحمته.

فاسأل نفسك: متى كانت آخر مرة اشتقت فيها بعمق إلى حضور الله—ليس لما يمكن أن يفعله لأجلك، بل لشخصه هو؟

هذه هي نقطة الانطلاق للتلمذة الحقيقية.

في الصفحات التالية سنستكشف ما يعنيه حقًا أن:

• نعاين الله
• نكون أنقياء القلب
• نزرع النقاوة في الحياة اليومية
• ونحيا بالرجاء الثابت الذي تعد به هذه التطويبة لنبدأ.

رؤية الله: أعظم منظر على الإطلاق

إن وعد رؤية الله هو أسمى أفراح الحياة المسيحية. لكن ماذا يعني ذلك الآن وهنا، وفي الأبدية؟

يسوع: بهاء مجد الله

لأن الله روح، فهو غير منظور للعيون البشرية. كما يقول الكتاب: «الله لم يره أحد قط» (يوحنا ١ : ١٨). لكن هذا لا يعني أنه غير معروف. بمحبة، اختار الله أن يعلن نفسه بطرق منظورة وملموسة.

فعندما يقول يسوع: «طوبى لأنقياء القلب لأنهم يعاينون الله»، ماذا يقصد؟ يعطينا الكتاب المقدس إجابة واضحة. «الذي، وهو بهاء مجده ورسم جوهره» (عبرانيين ١ : ٣). أي أن رؤية يسوع هي رؤية الله. وهذا ما قاله يسوع نفسه لتلاميذه: «الذي رآني فقد رأى الآب» (يوحنا ١٤ : ٩).

مع أننا لا نستطيع بعد أن نرى الآب في جوهره الكامل، فإننا نراه في المسيح—في كلماته، ورحمته، وقدرته، وآلامه، ومجده. يسوع هو «صورة الله غير المنظور» (كولوسي ١ : ١٥).

اليوم الذي نراه فيه وجهًا لوجه

لكن الوعد لا يتوقف هنا، بل يمتدّ إلى أبعد من ذلك. سيأتي يوم نرى فيه يسوع——ليس بعيني الإيمان فقط، بل بعيون ممجَّدة، في مجده السماوي الكامل.

«ولكن نعلم أنه إذا أُظهر نكون مثله، لأننا سنراه كما هو» (١ يوحنا ٣ : ٢).

هذا هو الإتمام الكامل للتطويبة. أنقياء القلب سيعاينون الله برؤيتهم يسوع المسيح في مجده الكامل غير المحجوب.

تخيّل طفلًا لم يسمع صوت والده إلا عبر الهاتف. رأى بعض الصور، وربما لمحه في مكالمة مرئية، لكنه لم يره وجهًا لوجه قط. ثم في يومٍ ما، يُفتح الباب. هناك يقف الوالد الذي طال انتظاره. يحدث تعرّف فوري، وفرح غامر، ومحبة تملأ المكان.

هذه صورة باهتة فقط عمّا ينتظر كل مؤمن حقيقي. ففي يوم ما، ذاك الذي وثقنا به وعبدناه واشتقنا إليه——وغالبًا من بعيد——سيظهر في المجد. وسنراه كما هو.

سؤال يستحق التأمل

إذا كان أعظم وعدٍ في الأبدية هو أن نرى يسوع — ليس مجرد الهروب من الألم، أو التمتع بالمكافأة، بل أن نُعاين الرب نفسه — فهل يتطابق هذا الشوق مع أعمق رغبة في قلبك؟

أم أن الراحة، أو النجاح، أو أفراح هذا العالم المؤقتة قد أضعفت اشتياقك إليه؟

ما معنى أن تكون نقي القلب

عندما يقول يسوع إن أنقياء القلب طوبى لهم، فهو يشير إلى أمر أعمق بكثير من الأخلاق السطحية. لقد كان يستهدف القلب.

أكثر من أيادٍ نظيفة — قلبٌ نقي

كلمة ‘‘نقي’’ في متى ٥ : ٨ تعني أن يُنقَّى، أو يُطهَّر، أو تُزال الشوائب. كتابيًا، تشير إلى تطهير داخلي — روحي وأخلاقي — وليس مجرد مظهر خارجي أو سلوك ظاهري.

يربط كثيرون مفهوم ‘‘نقاء القلب’’ أساسًا بالطهارة الجنسية. نعم، يشمل النقاء بالتأكيد التحرر من الشهوة. ويسوع نفسه يحذِّر من الشهوة في القلب لاحقًا في

هذه العظة ذاتها (متى ٥ : ٢٧ـ٣٠). لكن هنا، يسوع يتحدث عن أمر أوسع: قلبٍ خالٍ من كل الشوائب، مثل الكبرياء، والطمع، والرياء، والخداع، والحسد، ونعم، الشهوة.

القلب النقي هو قلب غير منقسم في ولائه، ومكرَّس بالكامل لله، دون أن ينافسه شيء على مكانه.

ولاء غير منقسم

في متى ٦ : ٢٤ يصرّح يسوع: «لا يقدر أحد أن يخدم سيدين... لا تقدرون أن تخدموا الله والمال.» وبصورة أكثر حرفية: «لا يقدر أحد أن يكون عبدًا لسيدين... لا تقدرون أن تكونوا عبيدًا لله والمال.»

هذا هو معنى أن تكون نقي القلب — قلب له سيد واحد. بلا دوافع مختلطة. بلا أجندات خفية. بلا ولاءات منقسمة. بل تكريس صادق وكامل لله.

هذا النوع من النقاء الداخلي هو بالضبط ما كان يفتقر إليه القادة الدينيون في أيام يسوع. فقد كان هوسهم بالمظهر الخارجي، لا بالتحول الداخلي. وكشف يسوع هذا البِرّ الفارغ مرارًا وتكرارًا، مذكّرًا إياهم بأن ما ينجّس الإنسان حقًا هو حالة القلب، لا السلوك الخارجي:

متى ١٥ : ١٩ـ٢٠ — «لأَنَّ مِنَ الْقَلْبِ تَصْدُرُ أَفْكَارٌ شِرِّيرَةٌ: قَتْلٌ، زِنًى، فُجُورٌ، سِرْقَةٌ، شَهَادَةُ زُورٍ، تَجْدِيفٌ. هَذِهِ هِيَ الَّتِي تُنَجِّسُ الإِنْسَانَ.»

نظيف من الخارج

تُروى قصة عن رجل يهودي تقي سُجن وأُعطي فقط قطعة خبز وكوبًا صغيرًا من الماء. وبدلًا من أن يشرب الماء، استخدمه ليغسل يديه طقسيًا قبل الأكل، محافظًا بأمانة على طقس ديني حتى في الشدة.

لكن يسوع قد يسأل: ما فائدة يدٍ نظيفة إذا كان القلب لا يزال نجسًا؟

ليس الهدف السخرية من التقليد أو من الإخلاص. بل التذكير بأن النظافة الخارجية لا تُغني عن النقاء الداخلي. فالله يرى أبعد من السطح بكثير. وهو لا يُعجب بالطقوس، أو السمعة، أو المظهر، بل بالقلوب المستسلمة، الصادقة، والمكرَّسة بالكامل له.

النقاء ليس كمالًا بل اتجاهًا

يسوع يدعو إلى نقاء ليس قائمًا على أن نكون بلا خطأ، بل على أن نكون أمناء. القلب النقي هو قلب تائب، مغسول بالنعمة، ويسعى باستمرار أن يسير منسجمًا مع مشيئة الله.

في العظة على الجبل، يرسم يسوع صورة حيّة لما يبدو عليه هذا النقاء في الحياة اليومية:

- التخلّي عن الغضب والسعي إلى المصالحة (متى ٥ : ٢١-٢٦).
- إكرام عهد الزواج ورفض الشهوة (متى ٥ : ٢٧-٣٢).
- قول الحق بدل التلاعب بالكلمات (متى ٥ : ٣٣-٣٧).
- رفض الانتقام، والاستجابة بالمحبة والرحمة، والسعي إلى قطع الميل الإضافي في المحبة، والصلاة، وفعل الخير حتى للأعداء (متى ٥ : ٣٨-٤٨).
- العطاء، والصلاة، والصوم، ليس لنيل مديح الناس، بل لمجد الله (متى ٦ : ١-١٨).
- ادخار كنوز في السماء لا على الأرض (متى ٦ : ١٩-٣٤).
- الحكم على الآخرين بتواضع ورحمة (متى ٧ : ١-١٢).
- السير في الطريق الضيق طريق الطاعة، لا في الطريق الواسع طريق الراحة (متى ٧ : ١٣-٢٧).

باختصار، أنقياء القلب لا يركّزون على مظهر ديني خارجي، بل على تحول حقيقي من الداخل إلى الخارج. هم لا يرضون بالمظهر؛ بل يطلبون الأصالة. حياتهم تتشكّل بمحبة صادقة لله واشتياق عميق لإرضائه.

هل قلبك منقسم؟

توقف لحظة واسأل نفسك:

- هل توجد في قلبي مجالات أخدم فيها سيدين؟
- هل دوافعي مختلطة أو حتى خادعة للنفس، أفعل الصواب لأسباب خاطئة؟
- هل أريد حقًا أن أكون نقيًا أمام الله، لا مجرد أن أبدو نقيًا أمام الناس؟

يسوع لا يكتفي بكشف قلوبنا المنقسمة؛ بل يعرض أن يطهّرها. في القسم التالي، سنستكشف كيف يمكننا أن نسعى ونحافظ على قلبٍ يكون له حقًا.

كيف نحافظ على قلب نقي

فكيف نفعل ذلك؟ في عالم يفيض بالنجاسة، كيف نحفظ قلوبنا نقية؟

يسوع يدعونا أن نكون «أنقياء القلب»، لكن هذا ليس أمرًا نقدر أن نحققه بقوتنا الذاتية. إنه سعي مدى الحياة يبدأ بالله ويستمر بنعمته.

يقدّم لنا الكتاب المقدس إرشادًا واضحًا للسير في هذا الطريق. فيما يلي أربعة مبادئ أساسية تساعدنا على تنمية نقاء القلب والمحافظة عليه في حياتنا اليومية.

المبدأ الأول: أن تخلص

نقطة البداية لقلب نقي هي قلب مطهَّر، قلب غُسل من ذنب الخطية وتلوّثها.

يوضح الكتاب المقدس أن هذا التطهير يحدث بالإيمان بيسوع المسيح. كما قال الرسول بطرس عن المؤمنين من الأمم في أعمال الرسل ١٥ : ٩ إن الله «طَهَّرَ قُلوبَهُمْ بِالإِيمَانِ.» الخلاص ليس محاولة إصلاح أنفسنا ببذل جهد أكبر؛ بل هو المجيء إلى يسوع، الذي وحده يقدر أن يغسل خطايانا ويعطينا قلبًا جديدًا. وبدون هذا التطهير الأولي، لا يمكن أن يوجد نقاء حقيقي.

ومع ذلك، من المهم أن نفهم أنه عندما قال يسوع هذه الكلمات في العظة على الجبل، كان يخاطب في الأساس الذين آمنوا بالفعل ـــ الذين وضعوا إيمانهم في الله. وهذا يعني أن النقاء الذي يصفه في متى ٥ : ٨ يتجاوز لحظة الخلاص.

فهو لا يتعلق فقط بالنقاء الموضعي أي موقفنا البار أمام الله عندما نخلص: أيضًا بل بالنقاء العملي : أي التشكيل والتجديد المستمرين لقلوبنا بواسطة الروح القدس يومًا بعد يوم.

الله لا يريد لنا أن نكون مغفورًا لنا فقط؛ بل أن نكون متحوّلين، بقلوب لا تتحرر من الذنب فحسب، بل تتحرر تدريجيًا من سلطان الخطية أيضًا.

الجدول المُنقّى

تخيّل أنك تتنزه في الجبال وتعثر على جدول ماء صافٍ كالبلور. يبدو نظيفًا، لامعًا، منعشًا وغير ملوَّث. لكن أي متسلق متمرس يعلم أن حتى أنقى المياه قد تحمل بكتيريا غير مرئية. ما لم تُرشَّح أو تُنقَّ، يمكن أن تجعلك مريضًا.

وبالمثل، قد يبدو القلب نظيفًا — أخلاقيًا، لطيفًا، بل ومتدينًا — لكنه بدون يسوع يظل ملوَّثًا روحيًا. وحده يسوع يستطيع أن يطهّر ما تحت السطح ويجعلنا أنقياء حقًا أمام الله.

للتأمل:

• هل حاولت يومًا أن تكون ‘‘نقيًا’’ بتغيير سلوكك دون أن يتغير قلبك أولًا؟
• هل وثقت بيسوع ليس فقط ليغفر خطاياك، بل ليعطيك قلبًا جديدًا، قلبًا يشتاق إليه؟

من هنا يبدأ السعي — بقلب جديد. لكن كيف نحافظ على هذا القلب نظيفًا في عالم ملوَّث؟

المبدأ الثاني: صلِّ يوميًا من أجل قلب نقي

الحفاظ على قلب نقي ليس أمرًا نستطيع تحقيقه بقوتنا الذاتية؛ بل يتطلب اعتمادًا مستمرًا على نعمة الله. فإذا تُركنا لأنفسنا، فإن قلوبنا تنجرف بطبيعتها بعيدًا عن الله بدلًا من الاقتراب إليه. نحن بطبيعتنا عرضة للتنجّس بالكبرياء، والأنانية، والشهوة، والمرارة، وجاذبية العالم.

لذلك، مثل الملك داود، ينبغي أن نتعلّم أن نصرخ يومًا بعد يوم كما فعل هو في مزمور ٥١ : ١٠ :

«قَلْبًا نَقِيًّا اخْلُقْ فِيَّ يَا اللهُ، وَرُوحًا مُسْتَقِيمًا جَدِّدْ فِي دَاخِلِي.»

لم تكن صلاة داود طلبًا لتنظيف سطحي بسيط؛ بل كانت صرخة يائسة من أجل تحول جذري — قلب مطهَّر بالكامل من كل تلوث روحي، ومكرَّس بشدة لله وحده، وخالٍ من الولاءات المنقسمة.

هذه ليست صلاة تُقال مرة واحدة، بل صرخة يومية، لأن الروح القدس وحده قادر أن يجدّد قلوبنا ويحفظها متمركزة في المسيح.

متى كانت آخر مرة
طلبت فيها من الله قلبًا نقيًا؟

نطلب من الله أشياء كثيرة — شفاءً، ورزقًا، وإرشادًا، وتعزية — لكن كم مرة نتوقف لنطلب منه قلبًا نقيًا؟

إن كنا صادقين، فهذه الصلاة غالبًا ما تُدفع إلى الهامش. لماذا؟ لأن قلوبنا كثيرًا ما تكون منقسمة، ممزقة بين محبة المسيح ومحبة العالم. وعندما تتلوث قلوبنا، فإن دوافعنا تتلوث حتمًا. فنبدأ نرغب في الراحة أكثر من القداسة، وفي التقدير أكثر من البرّ، وفي السيطرة أكثر من التسليم.

العيش في ثقافة مشبعة بالترفيه يُضعف جوعنا لأمور الله. فما نستهلكه، ونسعى وراءه، ونحلم به يعكس حالة حياتنا الداخلية.

مرآة هادئة للنفس

طرح أحد اللاهوتيين سلسلة من الأسئلة الفاحصة للنفس، تُعدّ مرآة نفحص بها حالة قلوبنا:

- في ماذا تفكر عندما لا يراك أحد وينزلق ذهنك إلى حالة الحياد؟
- ما مدى تسامحك مع الخداع أو المزاح الملتبس، مهما كان مضحكًا؟
- ما الذي يأسِر ولاءك وانتماءك باستمرار؟
- ماذا تريد أكثر من أي شيء آخر؟ من (أو ماذا) تحب حقًا؟
- إلى أي مدى تعكس أفعالك وكلماتك قلبك — أم تُخفيه؟

هذه الأسئلة غير مريحة، لكنها ضرورية.

عندما تُطرح بانتظام ويُجاب عنها بصدق، يمكنها أن تكشف الشقوق في عواطفنا. وهذا الإدراك ليس المقصود به أن يحطمنا، بل أن يعيدنا إلى الله. فهو يذكّرنا بأننا نفتقر إلى الموارد الروحية لنعيش حياة ترضي الله بقوتنا الخاصة.

ولهذا يبدأ يسوع العظة على الجبل بقوله: «طُوبَى لِلْمَسَاكِينِ بِالرُّوحِ» (متى 5 : 3). فعندما ندرك فقرنا الروحي، نأتي إلى ذاك الذي يطهّر.

للتأمل:

• متى كانت آخر مرة صرخت فيها بصدق: «قَلْبًا نَقِيًّا اخْلُقْ فِيَّ يَا ٱللهُ»؟
• هل أصبحت مهتمًا بإدارة صورتك أكثر من اهتمامك بالحفاظ على نقاء داخلي؟

رجاء في الإنجيل: مطهَّرون بدم المسيح

جمال الإنجيل هو هذا: لسنا متروكين لنصلح أنفسنا. لم يأتِ يسوع ليغفر خطايانا فقط، بل ليطهّرنا بالكامل. كما يؤكد ١ يوحنا ١ : ٧: «دَمَ يَسُوعَ ٱلْمَسِيحِ ٱبْنِهِ يُطَهِّرُنَا مِنْ كُلِّ خَطِيَّةٍ.»

فلنقترب إليه، لا بكبرياء أو اعتماد على الذات، بل بثقة متواضعة في رحمته. يمكننا أن نطلب مرارًا وتكرارًا نقاء القلب الذي هو وحده قادر أن يمنحه.

المبدأ الثالث: ادرس كلمة الله باجتهاد

إذا كانت الصلاة هي صرختنا من أجل قلب نقي، فإن الكتاب المقدس هو الطريقة التي يستجيب بها الله لتلك الصرخة.

قال يسوع لتلاميذه في يوحنا ١٥ : ٣: «أَنْتُمُ ٱلْآنَ أَنْقِيَاءُ لِسَبَبِ ٱلْكَلَامِ ٱلَّذِي كَلَّمْتُكُمْ بِهِ.» كلمة الله هي التي تطهّر قلوبنا في البداية عند الخلاص. لكن هذا التطهير ليس حدثًا لمرة واحدة — بل عملية مستمرة مدى الحياة.

وبعد فصلين فقط، يصلّي يسوع لأجل أتباعه:

يوحنا ١٧ : ١٧ — «قَدِّسْهُمْ فِي ٱلْحَقِّ. كَلَامُكَ هُوَ حَقٌّ.»

التقديس يعني التخصيص. وفي هذا السياق، يعني أن نُخصَّص من الخطية إلى القداسة، ومن النجاسة إلى النقاء. وكيف يحدث ذلك؟ من خلال حق كلمة الله. فهي السكين الإلهي الذي يقطع ما ينجّسنا ويُشكّلنا لنعكس قداسة الله.

كلمة الله: مطهِّر يومي

تخيّل كلمة الله كمطهّر روحي. فكما تحتاج أجسادنا إلى اغتسال منتظم لإزالة أوساخ الحياة اليومية وغبارها، تحتاج قلوبنا إلى تطهير يومي من غبار العالم ونجاسته. وهذا التطهير يحدث عندما نقرأ الكتاب المقدس، ونتأمل فيه، ونطيعه.

إهمال كلمة الله يشبه رفض الاستحمام. لا يستغرق الأمر وقتًا طويلًا حتى يظهر التراكم. يبدأ الكبرياء، والغضب، والشهوة، والطموح الأناني في التخمّر عندما لا تتعرّض قلوبنا بانتظام لحق الكتاب المقدس المطهّر.

نحن لا نحتاج فقط إلى معلومات من الكتاب المقدس؛ بل إلى تحوّل بالكتاب المقدس (رومية ١٢ : ٢). وهذا التحول لا يحدث إلا عندما نقترب من كلمة الله بتواضع، سامحين للروح القدس أن يطبّق حقها بعمق وبصورة شخصية.

للتأمل:

- هل تعرّض قلبك باستمرار لكلمة الله بطريقة تواجهك، وتطهّرك، وتحوّلك؟
- أم أصبحت أوقاتك في الكلمة سريعة، آلية، أو نادرة؟

لا ننسَ: لا يمكن أن يوجد نقاء للقلب بعيدًا عن كلمة الله. إن كنا نرغب حقًا أن نرى الله بوضوح أكبر، فعلينا أن نسمح لكلمته أن تُنقّي قلوبنا بانتظام وبعمق.

المبدأ الرابع: احرص على ما نراه، وأين نذهب، ومع مَن نكون

إذا كانت كلمة الله تُطهّر قلوبنا، فإن ما نسمح له بالدخول إلى حياتنا من خلال أعيننا، وآذاننا، وعلاقاتنا يمكن أن يحمي هذا النقاء أو يلوّثه.

السعي إلى قلب نقي لا يتعلق بنيّاتنا فقط — بل باختياراتنا أيضًا. فما نسمح له بالدخول إلى حياتنا عبر أعيننا، وآذاننا، وعلاقاتنا يشكّل حالة قلوبنا؛ إما أن يُنمّي النقاء أو يُفسده تدريجيًا.

الملك داود، الرجل الذي بحسب قلب الله، قطع هذا العهد الجاد في مزمور ١٠١ : ٣-٤:

«لَا أَجْعَلُ أَمَامَ عَيْنَيَّ أَمْرًا رَدِيئًا. أَبْغَضْتُ عَمَلَ الزَّائِغِينَ. لَا يَلْصَقُ بِي. قَلْبٌ مُلْتَوٍ يُبَاعِدُ عَنِّي. الشِّرِّيرُ لَا أَعْرِفُهُ.»

أدرك داود حقيقة جوهرية: النقاء يتطلب حدودًا. فإذا أراد أن يسير بالقرب من الله، لم يكن بوسعه أن يطلق لعينيه العنان نحو الشر، أو يُبقي صحبة فاسدة. كان نقاء قلبه أثمن من أن يُعرّضه للخطر. وكذلك قلوبنا.

بوابة القلب

أعيننا وآذاننا ليست محايدة؛ إنها بوابات إلى النفس. فما نشاهده، ونستمع إليه، ونحيط أنفسنا به، يشكّل حتمًا رغباتنا وأفكارنا وقراراتنا. لذلك يحذرنا الكتاب المقدس بوضوح:

١ كورنثوس ١٥ : ٣٣ — «لاَ تَضِلُّوا: «ٱلْمُعَاشَرَاتُ ٱلرَّدِيَّةُ تُفْسِدُ ٱلْأَخْلَاقَ ٱلْجَيِّدَةَ».».

قد نظن أننا غير متأثرين بمسلسل يمجّد الخطية، أو بعلاقة تُبرّد غيرتنا للمسيح، أو بمحتوى رقمي مملوء بالغرور والحسد. لكن الكتاب يقول: لا تنخدعوا. هذه الأمور تغيّرنا — ونادرًا ما يكون التغيير للأفضل.

علينا أن نكون حازمين في إزالة أي شيء — سواء كان ترفيهًا، أو بيئات، أو حتى بعض الصداقات — يُضعف شهيتنا لله أو يُلوّث عواطفنا.

ماء ملوّث

تخيّل أنك تحاول ملء كوب بماء صالح للشرب، بينما تتقطّر فيه ببطء بضع قطرات من مياه الصرف. هل ستشربه؟ بالطبع لا. حتى لو كان معظمه نظيفًا، فإن التلوث يجعله غير آمن.

وبالمثل، قد تبدو قلوبنا "نقية في معظمها" — لكن إذا كنا نسمح بتقطير مستمر من النجاسة عبر ما نشاهده، أو نستمع إليه، أو الصحبة التي نرافقها، فإن صحتنا الروحية ستتضرر.

للتأمل:

• هل توجد في حياتك مؤثرات — عبر الإعلام، أو العلاقات، أو البيئات — تُضعف نقاء قلبك تدريجيًا؟
• ما هي الخطوات الشجاعة التي قد يكون الله يدعوك لاتخاذها لتحرس بوابات قلبك بصورة أفضل؟

تذكّر: نقاء القلب لا يحدث بالصدفة. إنه يتطلب يقظة، وقصدًا، وأحيانًا قرارات مؤلمة. لكن المكافأة — أن نرى الله بوضوح أكبر — تستحق كل تضحية.

وكما قال أحدهم بحق: «الخطية تبدو دائمًا أجمل من خلال الزجاج الأمامي أكثر من مرآة الرؤية الخلفية.» لكن مواعيد الله أفضل: «طُوبَى لِلْأَنْقِيَاءِ الْقَلْبِ، لِأَنَّهُمْ يُعَايِنُونَ اللهَ!»

القلب الذي سيعاين الله

ها نحن أمام أربعة مبادئ أساسية لتنمية قلب نقي والمحافظة عليه:

- أن تخلص. هذه هي نقطة البداية.
- صلِّ يوميًا من أجل قلب نقي.
- ادرس كلمة الله باجتهاد.
- احرص على ما نراه، وأين نذهب، ومع مَن نكون.

هذه ليست مجرد عادات روحية. إنها استجابات على مستوى القلب من شخص يشتاق حقًا إلى الله. ووفقًا ليسوع، فإن أنقياء القلب وحدهم هم الذين سيعاينونه.

العبرانيين ١٢ : ١٤ يردد هذه الحقيقة الجادة:

«اِتْبَعُوا السَّلَامَ مَعَ الْجَمِيعِ، وَالْقَدَاسَةَ الَّتِي بِدُونِهَا لَنْ يَرَى أَحَدٌ الرَّبَّ.»

لا يكفي أن نقول الكلمات الصحيحة أو نبدو متدينين ظاهريًا. يجب أن تنبع كلماتنا، وأفعالنا، ودوافعنا من قلب تم تطهيره ويُطهَّر باستمرار بنعمة الله وقوة الروح القدس.

وكما يحثّ بولس في ٢ كورنثوس ٧ : ١:

«فَإِذْ لَنَا هَذِهِ الْمَوَاعِيدُ أَيُّهَا الْأَحِبَّاءُ، لِنُطَهِّرْ ذَوَاتِنَا مِنْ كُلِّ دَنَسِ الْجَسَدِ وَالرُّوحِ، مُكَمِّلِينَ الْقَدَاسَةَ فِي خَوْفِ اللهِ.»

بمعنى آخر، النقاء في الداخل («الروح») يقود إلى نقاء في الخارج («الجسد»). القلب النقي يُنتج حياة نقية. وهذا النوع من الحياة لا يحدث بين عشية وضحاها — بل هو رحلة يومية، يغذيها النعمة، وتُميِّزها التوبة، ويُمكّنها الروح.

وما هي المكافأة؟

«طُوبَى لِلْأَنْقِيَاءِ الْقَلْبِ، لِأَنَّهُمْ يُعَايِنُونَ ٱللَّهَ.»

• لتوقظ هذه الموعِدة جوعنا إلى القداسة.
• ولتعَمّق رغبتنا في معرفة المسيح ومحبته.
• ولتُشكِّل الطريقة التي نعيش بها اليوم — من أجل فرح معاينة الله وجهًا لوجه غدًا.

آية للحفظ

متى ٥ : ٨ — «طُوبَى لِلْأَنْقِيَاءِ الْقَلْبِ، لِأَنَّهُمْ يُعَايِنُونَ ٱللَّهَ.»

صلاة

يا رب يسوع، أشكرك لأنك متَّ من أجل خطاياي. امنحني توبة أعمق، وبغضة مقدسة للخطية، وندمًا حقيقيًا على كل ما يُحزن روحك. اكشف لي الجوانب العالمية في حياتي التي لم أسلّمها بعد والتي تُبعدني عنك. أعنّي أن أهرب منها وأن أعزم أن يكون قلبي لك وحدك. غيِّر قلبي بكلمتك لكي لا أشتاق إلا إليك. واصل تطهيري بقوة الروح القدس لكي أسلك في طرقك. احفظني بنعمتك إلى اليوم الذي أراك فيه وجهًا لوجه وأحيا في حضرتك إلى الأبد. آمين.

أسئلة للنقاش

١. ماذا يعني أن يكون لك قلب نقي، ولماذا يقول يسوع إن أنقياء القلب وحدهم سيُعاينون الله؟
٢. ما هي المؤثرات (الإعلام، العلاقات، البيئات) التي قد تُلوّث قلبك تدريجيًا كل يوم، وما الحدود أو التغييرات التي قد يكون الله يدعوك لاتخاذها؟
٣. كيف يمكنك أن تميز إن كنت أكثر اهتمامًا بأن تبدو صالحًا أمام الآخرين من أن تكون نقيًا أمام الله؟
٤. ما الدور الذي تلعبه كلمة الله في تطهير وتجديد قلبك، وما الذي يحتاج أن يتغير في طريقتك في الاقتراب من كلمة الله؟
٥. إلى أي مدى تطلب من الله بانتظام، كما فعل داود في مزمور ٥١ : ١٠، أن يخلق فيك قلبًا نقيًا؟ وكيف يمكن أن تغيِّر هذه الصلاة حياتك الروحية إذا واظبت عليها؟

التطويبة السابعة

طوبى لصانعي السلام

متى ٥ : ٩ — «طُوبَى لِصَانِعِي السَّلاَمِ، لِأَنَّهُمْ أَبْنَاءُ اللهِ يُدْعَوْنَ.»

صانعو السلام: أبناء الله في عالم منقسم

في عالمٍ تمزّقه الصراعات والعنف والانقسام، يبدو السلام أحيانًا كحلمٍ بعيد المنال. أممٌ تتصارع. مجتمعاتٌ تنقسم بسبب السياسة، والعرق، والأيديولوجيا. وحتى الكنائس، التي يُفترض أن تجسّد محبة المسيح، كثيرًا ما تمتلئ بالخصام. عائلاتٌ تتفكك تحت وطأة آلامٍ غير محلولة. أزواجٌ تَبرد قلوبهم. آباءٌ وأبناء يعيشون كالغرباء.

الصراع في كل مكان — أحيانًا صاخبًا وانفجاريًا، وأحيانًا هادئًا يتخمر تحت السطح. لكنه دائمًا مدمّر. ودائمًا مُكلف.

ومع ذلك، في وسط هذا الاضطراب، يقدّم يسوع وعدًا جذريًا: «طُوبَى لِصَانِعِي السَّلاَمِ.» ليس حالمو السلام. ولا متمنّو السلام. ولا حتى مجرد محبّي السلام. بل صانعو السلام — أولئك الذين يدخلون إلى قلب الصراع، لا ليؤجّجوا النار، بل ليشفوا الجراح. أناسٌ يبنون جسورًا حيث أُقيمت جدران. أناسٌ يحملون سلام المسيح في قلوبهم ويمدّونه إلى عالمٍ مكسور.

صناعة السلام: دعوة مقدسة

لكن ماذا يعني بالضبط أن نكون صانعي سلام؟

كلمة "صانع سلام" تتكوّن من كلمتين بسيطتين — سلام وصانع. لكن لا شيء بسيط في معناهما.

السلام، في الكتاب المقدس، أعمق بكثير من مجرد غياب الحرب. إنه المفهوم العبري الغني شالوم :حالة من الكمال، والعافية، والعلاقة الصحيحة مع الله، ومع الآخرين، وحتى مع أنفسنا. وفي اليونانية، تحمل كلمة إيريني معنى مشابهًا: الانسجام، والثبات، وبركة حضور الله.

أما كلمة ‘‘صانع’’ فتفترض العمل. فصناعة السلام ليست أمرًا سلبيًا. وليست مجرد تمني أن تتحسن الأمور. إنها تتطلب مبادرة وقصدًا. وقد تنطوي حتى على صراع — لكنه نوع مختلف تمامًا عن صراع العالم. صناعة السلام هي السعي النشط نحو الشفاء، والاسترداد، والمصالحة.

فعندما يدعونا يسوع أن نكون صانعي سلام، فهو يدعونا أن نحمل عمل المصالحة، وأن ندخل إلى الأماكن المكسورة لنكون أدوات شفاء في عالمٍ حطّمته الخطية.

لكن، كما هو الحال مع كل عمل في الملكوت، تحمل صناعة السلام توترًا. فبينما نحن مدعوون إلى السعي للمصالحة، لسنا مدعوين أبدًا إلى فعل ذلك على حساب الحق. السلام الحقيقي يجب أن يُبنى على برّ الله. وإلا فإن ما نسمّيه ‘‘سلامًا’’ قد لا يكون سوى تجنّبٍ أو مساومةٍ مقنّعة.

سلام بلا مساومة

لنكن واضحين: السعي لأن نكون صانعي سلام لا يعني أن نجلب السلام بأي ثمن، خاصة إذا كان الثمن هو الطاعة لكلمة الله.

التطويبة السابقة دعت إلى نقاوة القلب — قلب متمركز في الله ويسعى إلى عكس صفاته. وكما أن الله لا يساوم على قداسته ليحقق السلام، كذلك نحن. السلام الحقيقي لا يُبنى أبدًا على النجاسة. لا يمكننا — ولا يجب علينا — أن نسعى إلى السلام عبر التساهل مع ما يسمّيه الله خطية بوضوح. فالسلام بلا نقاوة ليس سلامًا على الإطلاق.

وكوننا صانعي سلام لا يعني أن حياتنا ستكون خالية من الصراعات، أو أن الجميع سيتكلم عنا بخير. ولا يعني أن نتغاضى عن المشكلات الحقيقية. في الواقع، السعي إلى السلام قد يثير مقاومة أكبر. ومع ذلك، حتى في وجه التوتر أو الرفض، ما زلنا مدعوين أن ندخل إلى انكسار هذا العالم كأدوات مصالحة لله.

ومن المهم أيضًا أن نفهم ما يقصده يسوع عندما يقول: «لِأَنَّهُمْ أَبْنَاءُ ٱللهِ يُدْعَوْنَ.» فهو لا يعلّم أننا نصبح أبناء الله من خلال كوننا صانعي سلام. لو كان الأمر كذلك، لما استطاع أحد منا أن يستوفي الشرط، لأننا جميعًا نقصر عن مستوى وصايا الله.

التطويبات ليست تعليمات لكسب رضى الله، بل تصف شخصية وأسلوب حياة أولئك الذين ينتمون إليه بالفعل — أولئك الذين هم أبناؤه. نحن نصبح أبناء الله بالنعمة وحدها، بالإيمان بيسوع المسيح وحده، لا بأعمالنا. وكما يقول يوحنا ١ : ١٢: «وَأَمَّا كُلُّ ٱلَّذِينَ قَبِلُوهُ، فَأَعْطَاهُمْ سُلْطَانًا أَنْ يَصِيرُوا أَوْلَادَ ٱللهِ، أَيِ ٱلْمُؤْمِنُونَ بِٱسْمِهِ.»

الذين صاروا أبناء الله سيبدؤون في عكس قلب أبيهم، لأن صناعة السلام جزء من شبه العائلة. فالعيش كصانع سلام هو أحد الأدلة على أن إيمان الشخص حقيقي. إنه الثمر، لا الجذر، لخلاصنا. هذا هو الشخص ‏"المطوَّب" — الذي يعيش تحت استحسان الله ورضاه، سائرًا في انسجام مع مهمته الفدائية في العالم.

ولأن صناعة السلام تعكس قلب الله ذاته، فهي دعوة سامية ومقدسة تمس كل جوانب حياتنا. فإذا كانت هذه الدعوة تعكس حقًا شخصية الله، فماذا تتضمن عمليًا؟ كيف يبدو العيش كصانع سلام حقيقي في عالمٍ مكسور؟

أؤمن أن هناك ثماني سمات مميزة لصانع السلام الحقيقي.

ثماني سمات لصانعي السلام

السمة الأولى: صانعو السلام هم في سلام مع الله

المصالحة بالمسيح

أساس كل سلام حقيقي يبدأ بأن نكون في سلام مع الله. والطريق الوحيد لاختبار هذا السلام مع إلهنا القدوس هو من خلال ابنه، ربنا ومخلّصنا، يسوع المسيح. يوضح بولس هذا بجلاء:

رومية ٥ : ١ — «فَإِذْ قَدْ تَبَرَّرْنَا بِٱلْإِيمَانِ، لَنَا سَلَامٌ مَعَ ٱللهِ بِرَبِّنَا يَسُوعَ ٱلْمَسِيحِ.»

إن دم يسوع هو الذي يطهّرنا من كل خطية، ويفتح الطريق لعلاقة مُستعادة مع الله. ولأن يسوع هو الوسيلة المعيّنة للمصالحة مع إلهنا القدوس، فيجب أن يبدأ كل صانع سلام من هنا — متجذرًا في نعمة الله وغفرانه.

التحول الداخلي يقود إلى سلام خارجي

السلام مع الله يغيّر قلوبنا. فعندما نختبر غفران الله ونعمته، يتغير منظورنا لأنفسنا وللآخرين. يحررنا من الخوف، والكبرياء، والمرارة — وهي حواجز غالبًا ما تغذّي الصراع. ومن خلال هذا التحول الداخلي فقط يمكننا أن نقدم بصدق السلام والمصالحة للآخرين.

من دون هذا التحول، قد تبدو جهودنا لصناعة السلام — رغم حسن النية — فارغة أو حتى نفاقًا، لأن جذر السلام — قلبنا نحن — غير مستقر. ويتضح هذا خاصة عندما نقارن بين الجهود الخارجية والاستعداد الداخلي.

تخيّل شخصًا يحاول المصالحة بين صديقين بينما يحمل في داخله غضبًا عميقًا أو مرارة غير محلولة. غالبًا ما تفشل جهوده، لأن صناعة السلام الحقيقية تبدأ دائمًا من الداخل.

وبالمثل، من دون سلام مع الله، تفتقر محاولات صناعة السلام إلى الأساس الأصيل اللازم لشفاء العلاقات المكسورة. فقط عندما نُصالَح مع الله يمكننا أن نعكس سلامه حقًا للعالم من حولنا.

وهذا السلام ليس مجرد وضع قانوني يُمنح مرة واحدة عند الخلاص؛ بل هو واقع يومي. فالمسيح لا يضمن سلامنا مع الله مرة واحدة فقط، بل يدعونا أن نسلك في سلامه كل يوم. إنه الهدوء الداخلي، واليقين المستقر، الذي ينبع من معرفتنا أننا محفوظون في يد مخلّص أمين — مهما اشتدت العواصف.

وهذا يقودنا إلى السمة التالية لصانع السلام.

السمة الثانية: صانعو السلام يختبرون السلام الذي يقدمه يسوع

سلام يختلف عن سلام العالم

في ليلة خيانته، عزّى يسوع تلاميذه بهذه الكلمات:

يوحنا ١٤ : ٢٧ — «سَلَامًا أَتْرُكُ لَكُمْ. سَلَامِي أُعْطِيكُمْ. لَيْسَ كَمَا يُعْطِي ٱلْعَالَمُ أُعْطِيكُمْ أَنَا. لَا تَضْطَرِبْ قُلُوبُكُمْ وَلَا تَرْهَبْ.»

في وسط اليأس، قدّم يسوع سلامًا لا يشبه أي سلام آخر — سلامًا لا يعتمد على تغيّر الظروف، بل يستقر عميقًا في النفس. وعلى عكس السلام الهش والمؤقت الذي يقدمه العالم، فإن سلام يسوع ثابت، يهدّئ القلوب المضطربة حتى في أشد العواصف.

الثقة بيسوع في وسط التجارب

هذا السلام نفسه متاح لنا اليوم. عندما نثبّت أعيننا على يسوع — واثقين في مواعيده ومستريحين في حضوره — يمكننا أن نختبر سلامه بغض النظر عمّا تلقيه الحياة في طريقنا.

تخيّل، على سبيل المثال، أمًا شابة يعاني طفلها من مرض خطير. بينما يعمل الأطباء باجتهاد، تواجه ليالي طويلة من القلق وعدم اليقين. ومع ذلك، في وسط مخاوفها، تجد طمأنينة هادئة — سلامًا داخليًا يحملها خلال كل يوم صعب. هذا السلام لا يزيل التحديات، لكنه يثبّت قلبها لأنها تثق أن يسوع معها، ممسكًا بها وبطفلها في عنايته.

لكن امتلاك سلام المسيح في داخلنا هو جزء فقط مما يعنيه أن نكون صانعي سلام حقيقيين. فهذا السلام يجب أن يشكّل أيضًا طريقة عيشنا، خاصة في علاقاتنا. يجب أن نكون يقظين لئلا نصبح نحن مصدر الصراع أو الانقسام. وكما تبرز السمة التالية، فإن صانعي السلام يحرسون قلوبهم وأفعالهم بعناية، رافضين أن يكونوا كاسري سلام. إنهم يسعون إلى التواضع، والصبر، والغفران، مدركين أن الكبرياء والأنانية غالبًا ما يكونان في جذور الانكسار.

السمة الثالثة: صانعو السلام لن يكونوا سبب فقدان السلام في العلاقات

تجنّب دور كاسر السلام

على الرغم من أننا مدعوون لنكون صانعي سلام، إلا أننا في كثير من الأحيان نتصرف ككاسري سلام. فمواقفنا وكلماتنا وأفعالنا قد تكشف عن إصرار عنيد على أن تسير الأمور بطريقتنا. نطالب بأن نُفهَم، وأن نكون على حق، وأن

يُنصَف موقفنا — أحيانًا بأي ثمن. وعندما يجرؤ أحد على مواجهتنا أو تصحيحنا، يتفاعل كبرياؤنا بدفاعية، بل وقد نجرح الآخرين في هذه العملية.

يظهر هذا النمط في كل مكان — في الزيجات، وفي تربية الأبناء، وبين الأصدقاء، وداخل مجتمعات الكنيسة، وحتى في أماكن عملنا. فحيثما وُجدت العلاقات، يكمُن إغراء حماية الذات على حساب السلام.

الكبرياء يفرّق؛ والحكمة الإلهية توحّد

نتكلم بسرعةٍ زائدة. نفقد صبرنا. ننفجر غضبًا. حتى الإحباطات الصغيرة قد تؤدي إلى انفجارات كبيرة. إن غياب التواضع والغفران يسمّم العلاقات. وحيثما يتجذر الكبرياء، ينهار السلام. لا يمكننا أن نكون صانعي سلام حقًا إذا كنا نثير النزاع باستمرار. تلك هي حياة كاسر السلام.

لكن الكتاب المقدس يدعونا إلى ما هو أفضل: إلى السعي وراء الحكمة الإلهية. في رسالته، يرسم يعقوب تباينًا واضحًا بين الفوضى التي تنتج عن الحكمة الدنيوية، والشفاء والانسجام اللذين ينبعان من الحكمة الآتية من السماء:

يعقوب ٣ : ١٦-١٨ — «لِأَنَّهُ حَيْثُ الْغَيْرَةُ وَالتَّحَزُّبُ، هُنَاكَ التَّشْوِيشُ وَكُلُّ أَمْرٍ رَدِيءٍ. وَأَمَّا الْحِكْمَةُ الَّتِي مِنْ فَوْقُ فَهِيَ أَوَّلًا طَاهِرَةٌ، ثُمَّ مُسَالِمَةٌ، مُتَرَفِّقَةٌ، مُذْعِنَةٌ، مَمْلُوءَةٌ رَحْمَةً وَأَثْمَارًا صَالِحَةً، عَدِيمَةُ الرَّيَاءِ وَالْخِدَاعِ. وَثَمَرُ الْبِرِّ يُزْرَعُ فِي السَّلَامِ مِنَ الَّذِينَ يَفْعَلُونَ السَّلَامَ.»

عندما يحكم الكبرياء أو الغيرة أو الطموح الأناني قلوبنا، يصبح السلام مستحيلًا. أما عندما تتولى الحكمة الإلهية القيادة، نبدأ في عكس قلب يسوع — قلب محب للسلام، رحيم، وصادق.

صناعة السلام الحقيقية تبدأ في القلب، باتخاذ موقف من التواضع والرحمة والصبر. وبدون هذا الأساس، سننحرف دائمًا عائدين إلى أن نكون كاسري سلام بدلًا من بُنَاة سلام.

يلخّص أحد الرعاة هذه الحقيقة بصورة جميلة:

<u>إن صانع السلام المثالي هو الشخص الذي يمنع كسر السلام. إن منع المعركة هو أفضل وسيلة لكسب المعركة.</u>

وقد شارك صورة مؤثرة من التقليد اليهودي:

<u>قلتُ مرةً لحاخامٍ يهودي: «سمعتُ أنه في العرس اليهودي يُكسَر كأس كجزء من رمزية الاحتفال. هل هذا صحيح؟» فأجاب: «بالتأكيد. نرفع كأسًا، ونتركها تسقط فتتحطم إلى شظايا، ثم نشير إلى أجزائها ونحثّ العروسين أن يحفظا العلاقة المقدسة التي دخلا فيها بحرصٍ شديد ــ لأنه متى انكسرت، لا يمكن أن تعود كما كانت.»</u>

يا لها من صورة مؤثرة. إن أفضل أنواع صناعة السلام يحدث غالبًا قبل وقوع الضرر، وذلك بحراسة كلماتنا، وضبط نبراتنا، وتواضع قلوبنا، ورفض السماح للكِبرياء بأن يسيطر.

مثال يومي على ذلك قد يكون عشاءً عائليًا ترتفع فيه حدة التوتر بسبب خلاف صغير. بدلًا من الإصرار على الرأي أو الرد بحدّة، يختار أحدهم أن يصغي بهدوء ويرد بلطف. ذلك التصرف الواحد يهدّئ الموقف ويحفظ الوحدة. كان من السهل أن يكون كاسر سلام، لكن اختيار الصبر أبقى العلاقة سليمة.

إن حراسة قلوبنا من أن تصبح مصدر صراع أمر أساسي، لكن صناعة السلام لا تتوقف عند هذا الحد. بل تشمل أيضًا اتخاذ خطوات مقصودة نحو السلام مع الآخرين. وكما تكشف السمة التالية، فإن صانعي السلام الحقيقيين لا يكتفون بتجنب إحداث الضرر، بل يسعون بنشاط إلى بناء السلام في علاقاتهم ومجتمعاتهم.

السمة الرابعة: صانعو السلام يجتهدون ليكونوا في سلام مع جميع الناس

الوصية الكتابية بالسعي وراء السلام

يدعو الكتاب المقدس مرارًا كل تابع للمسيح ــ كل صانع سلام ــ إلى أن يسعى بنشاط إلى السلام مع الآخرين. هذا السعي ليس اختياريًا؛ بل هو وصية واضحة ومستمرة من ربنا.

علّم يسوع نفسه في متى ٥ : ٢٣ـ٢٤:

«فَإِنْ قَدَّمْتَ قُرْبَانَكَ إِلَى الْمَذْبَحِ، وَهُنَاكَ تَذَكَّرْتَ أَنَّ لِأَخِيكَ شَيْئًا عَلَيْكَ، فَاتْرُكْ هُنَاكَ قُرْبَانَكَ قُدَّامَ الْمَذْبَحِ، وَاذْهَبْ أَوَّلًا اصْطَلِحْ مَعَ أَخِيكَ، وَحِينَئِذٍ تَعَالَ وَقَدِّمْ قُرْبَانَكَ.»

بعبارة أخرى، المصالحة لها الأولوية — حتى على الأعمال الدينية والعبادة. فالله يقدّر العلاقات المستعادة أكثر من الطقوس.

ويؤكد بولس هذا في رومية ١٤ : ١٩:

«فَلْنَسْعَ إِذًا لِمَا هُوَ لِلسَّلَامِ وَمَا هُوَ لِبُنْيَانِ بَعْضِنَا بَعْضًا.»

ويضيف كاتب العبرانيين هذا التحريض الجوهري في عبرانيين ١٢ : ١٤ أ:

«إِتْبَعُوا السَّلَامَ مَعَ الْجَمِيعِ.»

وعند جمع هذه المقاطع معًا، تتضح حقيقة واحدة لا لبس فيها:

<u>السعي وراء السلام ليس خيارًا — بل هو وصية إلهية لكل من ينتمي إلى المسيح.</u>

السلام كأولوية في العلاقات

رغم وضوح دعوة الكتاب إلى السعي وراء السلام، فإن تطبيقها نادرًا ما يكون سهلًا. فاختلاف وجهات النظر، والمشاعر المجروحة، وسوء الفهم المتراكم، قد يجعل المصالحة أمرًا مؤلمًا وصعبًا. لكن صانعي السلام يدركون أن ثمن الصراع غير المحلول أعظم بكثير من مشقة السعي المتواضع نحو المصالحة.

تخيّل صديقين افترقا بسبب سوء فهم. يختار أحدهما أن يبادر — لا ليثبت وجهة نظره، بل ليصغي بصبر، ويطلب الغفران، ويمنح نعمة. تلك الخطوة الشجاعة نحو السلام تفتح باب الشفاء وتستعيد رباطًا بدا وكأنه فُقد.

ومع ذلك، يعرف صانعو السلام أن السلام ليس ممكنًا دائمًا. فبعض النزاعات تبقى دون حل رغم أفضل جهودنا. لكن حتى عندما لا تأتي المصالحة بسهولة، يظل صانع السلام ثابتًا — مختارًا الأمانة بدل الإحباط، والطاعة بدل النتيجة.

وهذا يقودنا إلى العلامة المميزة التالية لصانع السلام: الالتزام بالسعي وراء السلام بقدر ما يتوقف عليه، حتى عندما لا يستجيب الآخرون بالمثل.

السمة الخامسة: صانعو السلام يسعون وراء السلام مع علمهم أنهم لن يتمتعوا دائمًا بعلاقات سلمية

السلام في عالم غير كامل

لنواجه الحقيقة: حتى يسوع، صانع السلام الكامل، لم تكن له علاقات سلمية مع الجميع. ولا كان للرسل كذلك! والأمر نفسه سيكون صحيحًا بالنسبة لنا. فالأمانة للإنجيل قد تجلب أحيانًا صراعًا.

وقد أوضح يسوع هذا بنفسه.

متى ١٠ : ٣٤ـ٣٦ — «لاَ تَظُنُّوا أَنِّي جِئْتُ لأُلْقِيَ سَلاَمًا عَلَى الأَرْضِ. مَا جِئْتُ لأُلْقِيَ سَلاَمًا بَلْ سَيْفًا. فَإِنِّي جِئْتُ لأُفَرِّقَ الإِنْسَانَ ضِدَّ أَبِيهِ، وَالابْنَةَ ضِدَّ أُمِّهَا، وَالْكَنَّةَ ضِدَّ حَمَاتِهَا، وَأَعْدَاءُ الإِنْسَانِ أَهْلُ بَيْتِهِ.»

تذكرنا هذه الكلمات الجادة أن اتباع المسيح قد يقسم أحيانًا أقرب العلاقات. فالحق والقداسة قد يثيران مقاومة. لكن ليس لأن المسيح يسرّ بالصراع، بل لأن النور يكشف الظلمة، والحق يواجه الخطية.

لهذا ينصح بولس بحكمة:

رومية ١٢ : ١٨ — «إِنْ كَانَ مُمْكِنًا، فَحَسَبَ طَاقَتِكُمْ، سَالِمُوا جَمِيعَ النَّاسِ.»

لاحظ هذه الكلمات: «إِنْ كَانَ مُمْكِنًا» و«فَحَسَبَ طَاقَتِكُمْ». نحن مدعوون أن نقوم بدورنا — أن نبذل كل جهد معقول للسعي وراء السلام — لكننا لا نستطيع أن نتحكم في استجابة الآخرين. فالبعض سيرفض المصالحة، بل وربما يفضّل العداء. ومع ذلك، يمضي صانع السلام الميل الإضافي، ممدًّا نعمة وصبرًا وغفرانًا حتى لمن لا يردّ بالمثل.

تأمّل مثال قائد كنيسة متواضع يواجه معارضة من قلة من المنتقدين الصاخبين. رغم شعوره بالإحباط أحيانًا، يواصل الإصغاء بعناية، والسعي إلى أرضية مشتركة، والعمل لأجل الوحدة، مُحقِّقًا روح أفسس ٤ : ٣، التي تحثّنا أن «مُجْتَهِدِينَ أَنْ تَحْفَظُوا وَحْدَانِيَّةَ الرُّوحِ بِرِبَاطِ السَّلاَمِ.» قد لا ينتج عن أمانته انسجام فوري، لكنها تكرّم الله وتبقي الباب مفتوحًا للشفاء والاسترداد في المستقبل.

ورغم أن السعي إلى السلام في علاقاتنا الشخصية أمر أساسي، فإن صانعي السلام الحقيقيين يتجاوزون مجرد حفظ السلام الشخصي. فهم يدخلون إلى الشقوق بين الآخرين ليساعدوا على ترميم ما انكسر. إنهم ليسوا متفرجين سلبيين، بل وكلاء نشطين للمصالحة — وهذا يقودنا إلى السمة المميزة التالية.

السمة السادسة: صانعو السلام يسعون دائمًا إلى إحلال السلام بين الناس

الشجاعة للتدخل: أمثلة كتابية على صناعة السلام

ببساطة، صانعو السلام الحقيقيون يهتمون بما يكفي ليتدخلوا. فعندما ينشأ صراع بين آخرين، لا يديرون ظهورهم ولا يلتزمون الصمت. بل يتدخلون بالصلاة والشجاعة، ساعين إلى بناء جسور لا جدران.

وبالطبع، هذا ليس سهلًا أبدًا. فالدخول في النزاعات يحمل دائمًا مخاطر. قد يُساء فهمنا، أو نُنتقد، أو حتى نفقد صداقات. ومع ذلك، يقبل صانعو السلام الحقيقيون هذه المخاطر لأنهم يقدّرون المصالحة أكثر من الراحة.

وقد جسّد الرسول بولس هذا النوع من الشجاعة. ففي فيلبي ٤ : ٢، يتوسل من أجل الوحدة بين مؤمنتين، قائلًا:

«أَطْلُبُ إِلَى أَفُودِيَّةَ وَأَطْلُبُ إِلَى سِنْتِيخِي أَنْ تَفْتَكِرَا فِكْرًا وَاحِدًا فِي الرَّبِّ.»

لم يتجاهل بولس خلافهما أو يأمل أن يزول من تلقاء نفسه. بل أحب الكنيسة بما يكفي ليتدخل مباشرة، حاثًّا المرأتين على التواضع والانسجام.

ونرى التزام بولس بالمصالحة مرة أخرى في رسالته إلى فليمون. فقد جاء أُنِيسِيمُس، العبد الهارب الذي أساء إلى سيده، إلى الإيمان بالمسيح من خلال خدمة بولس.

وبدلًا من أن يلتزم الصمت، تدخّل بولس، حاثًّا فليمون أن يغفر ويقبل أُنِيسِيمُس كأخٍ في المسيح. بل عرض بولس أن يتحمل الكلفة بنفسه، قائلًا في فليمون ١ : ١٧-١٨:

«فَإِنْ كُنْتَ تَحْسِبُنِي شَرِيكًا، فَاقْبَلْهُ نَظِيرِي. وَإِنْ كَانَ قَدْ ظَلَمَكَ بِشَيْءٍ أَوْ لَهُ عَلَيْكَ دَيْنٌ، فَاحْسِبْ ذلِكَ عَلَيَّ.»

هذا هو قلب صانع السلام — المستعد لتحمّل كلفة شخصية من أجل المصالحة.

تأمل مثالًا معاصرًا: مؤمن حكيم يتدخل في نزاع عائلي محتدم. يصغي بصبر، ويتكلم بلطف، ويساعد الطرفين أن يريا بعضهما من خلال عدسة النعمة. الأمر غير مريح ومحفوف بالمخاطر — لكن غالبًا ما تجلب تلك الجهود الشجاعة شفاءً حيث كان المرار يسود.

وكما كان بولس، نحن أيضًا مدعوون إلى هذه الخدمة عينها. فصناعة السلام ليست مجرد رغبة سلبية في الانسجام؛ بل هي سعي فعّال، بقوة الروح القدس، نحو الاسترداد مهما كانت الكلفة.

وكما سنرى تاليًا، قد تكون هذه الكلفة كبيرة. لكن صانعي السلام الحقيقيين يقبلونها، عالمين أن ثمن المصالحة يستحق دائمًا أن يُدفَع.

السمة السابعة: صانعو السلام مستعدون لدفع الثمن من أجل تعزيز السلام

المثابرة في مواجهة المقاومة

السلام يأتي دائمًا بثمن.

- لقد كلّف الآب ابنه لكي يصالحنا مع نفسه.
- وكلّف يسوع حياته نفسها ليشتري سلامنا.
- وكلّف الرسل راحتهم وأمانهم، وفي كثير من الحالات حياتهم، وهم يحملون بشارة السلام إلى العالم.
- وسيكلّفنا نحن أيضًا شيئًا.

عندما أتبع يسوع كلماته في متى ٥ : ٩ («‏طوبى لصانعي السلام...»‏) بالتطويبة التالية (متى ٥ : ١٠ـ١٢)، لم يكن يغيّر الموضوع — بل كان يواصل الفكرة. فالذين يعيشون التطويبات، ولا سيما كصانعي سلام، سيواجهون حتمًا سوء فهم أو مقاومة أو حتى اضطهادًا.

ومهما قيل الحق بلطف، فإنه قد يجرح كبرياء الإنسان. والقلوب المتكبرة غالبًا ما تقاوم التقويم. وأحيانًا لا تأتي المقاومة من غير المؤمنين، بل من مؤمنين آخرين، من أناس في بيوتنا، أو كنائسنا، أو أماكن عملنا.

ومع ذلك، فإن الطاعة لدعوة الله تفوق الخوف من الرفض. فصانعو السلام يدركون أن السلام ثمين بما يكفي ليتألموا من أجله.

تأمل في موظف يكشف فسادًا داخل شركة. إنه يخاطر بسمعته وصداقاته وربما حتى بوظيفته. ومع ذلك يختار النزاهة على الراحة، لأن الحق والسلام يستحقان الثمن. وبالمثل، يجب على صانعي السلام الأتقياء أن يكونوا مستعدين لتحمل سوء الفهم أو الانتقاد أو الخسارة من أجل البر والمصالحة.

وكما يذكرنا بولس في رومية ١٢ : ١٨: «إِنْ كَانَ مُمْكِنًا، فَحَسَبَ طَاقَتِكُمْ، سَالِمُوا جَمِيعَ النَّاسِ.» ليست مهمتنا أن نضمن السلام بأي ثمن، بل أن نسعى إليه بأمانة — مهما كانت كلفته علينا.

إن صانعي السلام الحقيقيين يشبهون المسيح بأوضح صورة عندما يكونون مستعدين أن يتألموا من أجل السلام بدلًا من أن يخطئوا من أجل الراحة.

ومع ذلك، لا تتوقف رسالتهم عند هذا الحد. فأعظم عمل في صناعة السلام ليس فقط مصالحة الناس بعضهم مع بعض، بل مساعدتهم على أن يتصالحوا مع الله نفسه. وهنا تقودنا السمة الأخيرة.

السمة الثامنة: صانعو السلام يخبرون بأمانة أولئك الذين ليسوا في سلام مع الله أن السلام متاح لهم

سفراء المصالحة

لا يستطيع صانعو السلام الحقيقيون أن يحتفظوا ببشارة السلام لأنفسهم. فبعد أن اختبروا المصالحة مع الله بالمسيح، يشتاقون أن يعرف الآخرون هذا السلام عينه — السلام الذي يأتي من الغفران والتطهير والتبرير أمام الله.

يحتفل إشعياء ٥٢ : ٧ بهؤلاء الرسل:

«مَا أَجْمَلَ عَلَى الْجِبَالِ قَدَمَيْ مُبَشِّرٍ، مُخْبِرٍ بِالسَّلَامِ، مُبَشِّرٍ بِالْخَيْرِ، مُخْبِرٍ بِالْخَلَاصِ.»

هذا هو نبض قلب كل صانع سلام مشكَّل بالإنجيل. فهم لا يكتفون بالتمتع بسلام الله بصورة شخصية، بل يرغبون أن يروا الآخرين محرَّرين من الخوف والذنب والاغتراب. ولهذا يكتب بولس في ٢ كورنثوس ٥ : ٢٠ :

«إِذَا نَسْعَى كَسُفَرَاءَ عَنِ الْمَسِيحِ، كَأَنَّ اللهَ يَعِظُ بِنَا. نَطْلُبُ عَنِ الْمَسِيحِ: تَصَالَحُوا مَعَ اللهِ.»

أن تكون سفيرًا يعني أن تمثل المسيح بأمانة، وأن تتكلم بحقه بمحبة وإلحاح في آنٍ واحد. يعمل صانعو السلام كجسور بين الله والبعيدين عنه، داعين الضالين إلى قبول السلام الذي اشتراه يسوع بدمه.

تخيّل مؤمنًا يلاحظ زميل عمل مثقلًا بالقلق والاضطراب. بدلًا من تقديم تعزية سطحية، يشاركه بلطف كيف جلب يسوع السلام إلى قلبه هو، ويدعوه أن يختبر ذلك السلام عينه. قد تكون تلك المحادثة الواحدة بداية مصالحة أبدية.

هذه هي أسمى صور صناعة السلام: مساعدة الآخرين على الانتقال من كونهم أعداء لله إلى أن يصيروا أبناءه. في كل مرة نشارك فيها الإنجيل، نشارك في عمل الله المستمر لصنع السلام بالمسيح.

العيش كأبناء الله في عالم منقسم

إذًا، ها هي: ثماني سمات مميزة لصانعي السلام الحقيقيين. وهي معًا تُظهر أن صناعة السلام تمسّ كل جانب من جوانب الحياة — من علاقتنا بالله، إلى طريقة تعاملنا مع الآخرين، إلى كيفية مشاركتنا الإنجيل مع العالم.

لكن فهم هذه الحقائق ليس سوى البداية. فالتحدي الحقيقي يكمن في عيشها بثبات في عالم يزداد انقسامًا وعدائية. والحقيقة أننا لا نستطيع أن نفعل ذلك بقوتنا الذاتية.

فقط من خلال الاعتماد المستمر على الروح القدس نُمنح القدرة لنعيش كصانعي سلام. لقد حقق يسوع هذه التطويبة كاملة نيابة عنا، كما أعطانا الروح ليمكننا أن نعيشها.

وكما يذكرنا بولس في غلاطية ٥ : ٢٢ :

«وَأَمَّا ثَمَرُ الرُّوحِ فَهُوَ مَحَبَّةٌ، فَرَحٌ، سَلاَمٌ...»

إن قوة الروح المحوِّلة هي التي تشكلنا لنصير صانعي سلام حقيقيين. فهو يعمل فينا من خلال الكلمة، ومن خلال الصلاة، ومن خلال جماعة المؤمنين، وغالبًا من خلال الضيقات والتجارب. إنه يلين قلوبنا، وينقِّي دوافعنا، وينتج في داخلنا سلام المسيح.

لكن هذا التحول يبدأ بأهم سلام على الإطلاق: السلام مع الله. وكما رأينا في السمة الأولى، يجب أولًا أن نتصالح مع الله بيسوع المسيح. حينها فقط يأتي الروح ليسكن فينا. فبدون السلام مع الله، لا نستطيع أن نجلب السلام للآخرين.

يدعونا الكتاب المقدس باستمرار أن نسلك في التواضع والصبر والغفران — أن نتحرر من حاجتنا الدائمة لأن نكون على حق، وأن نغضّ الطرف عن الإساءة، وأن نحتمل بعضنا بعضًا، وأن نسعى إلى السلام — ليس فقط عندما يكون الأمر مناسبًا، بل خصوصًا عندما يكلّفنا.

علينا أن نتبع مثال يسوع.

كولوسي ٣ : ١٢-١٥ — «فَالْبَسُوا، كَمُخْتَارِي اللهِ الْقِدِّيسِينَ الْمَحْبُوبِينَ، أَحْشَاءَ رَأَفَاتٍ وَلُطْفًا وَتَوَاضُعًا وَوَدَاعَةً وَطُولَ أَنَاةٍ، مُحْتَمِلِينَ بَعْضُكُمْ بَعْضًا، وَمُسَامِحِينَ بَعْضُكُمْ بَعْضًا إِنْ كَانَ لأَحَدٍ عَلَى أَحَدٍ شَكْوَى. كَمَا غَفَرَ لَكُمُ الرَّبُّ هَكَذَا أَنْتُمْ أَيْضًا. وَفَوْقَ جَمِيعِ هذِهِ الْبَسُوا الْمَحَبَّةَ الَّتِي هِيَ رِبَاطُ الْكَمَالِ. وَلْيَمْلِكْ فِي قُلُوبِكُمْ سَلاَمُ الْمَسِيحِ الَّذِي إِلَيْهِ دُعِيتُمْ فِي جَسَدٍ وَاحِدٍ، وَكُونُوا شَاكِرِينَ.»

عندما نسعى إلى هذا الأسلوب الحياتي الممكَّن بالروح — المميز بالتواضع والرحمة والمحبة — فإننا لا نجلب السلام إلى العالم فحسب، بل نُظهر أيضًا قلب أبينا.

حقًا طوبى لصانعي السلام، لأنهم أبناء الله يُدعون!

وبنعمته، هذا ما نحن عليه.

للتأمل:

● أين في حياتك يدعوك الله اليوم لتدخل في دور صانع السلام؟
● هل هناك شخص تحتاج أن تتصالح معه، حتى لو بدا الأمر صعبًا؟

● هل توجد محادثة صعبة تحتاج أن تقترب منها بالصلاة، وبالتواضع، والنعمة، والشجاعة؟

● هل هناك جرح تحتاج أن تطلقه بين يدي المسيح المثقوبتين بالمسامير، ومع ذلك الحانيتين الشافيتين؟

ليتنا، بقوة الروح القدس، نخطو هذه الخطوات بإيمان، واثقين أنه إذ نصير صانعي سلام، سيتدفق سلام الله من خلالنا، شافيًا القلوب ومحوّلًا العلاقات لمجده.

آية للحفظ

متى ٥ : ٩ — «طُوبَى لِصَانِعِي السَّلَامِ، لأنَّهُمْ أَبْنَاءَ اللهِ يُدْعَوْنَ.»

صلاة

أيها الآب، أشكرك من أجل السلام الذي لي فيك بيسوع المسيح. غيّرني إلى صورتك، وساعدني أن أسعى إلى السلام مع الآخرين. علّمني أن أعيش بطريقة تجلب المصالحة والاسترداد إلى العلاقات من حولي. لتكن كلماتي وأفعالي عاكسة لنعمتك، ولأشارك بشارة يسوع مع الضالين لكي يعرفوا هم أيضًا السلام الحقيقي والغفران. آمين.

أسئلة للنقاش

١. ماذا يعني أن تكون صانع سلام حقيقيًا، وكيف يختلف ذلك عن مجرد تجنب الصراع؟

٢. كيف أثّر سلامك مع الله في طريقة تعاملك مع التوتر أو الصراع مع الآخرين؟

٣. ما هي المواقف أو المشاعر (مثل الكبرياء أو الدفاعية) التي قد تجعل من الصعب أن تكون صانع سلام؟

٤. هل سبق أن سعيت إلى السلام مع شخص ما، لكن العلاقة بقيت متوترة؟ كيف تبقى أمينًا لدعوتك كصانع سلام، حتى عندما لا يأتي السلام؟

٥. ما هي الطرق العملية التي يمكنك من خلالها أن تساعد في إحلال السلام بين آخرين في نزاع، خاصة عندما يكون الأسهل أن تبقى غير متدخل؟

٦. من في حياتك يحتاج أن يسمع رسالة السلام مع الله من خلال يسوع المسيح، وكيف يمكنك أن تشاركهم ذلك بأمانة ومحبة هذا الأسبوع؟

التطويبة الثامنة

طوبى للمضطهدين

متى ٥ : ١٠ـ١٢ — طوبى للمضطهدين من أجل البر، لأن لهم ملكوت السماوات. طوبى لكم متى عابكم الناس واضطهدوكم وقالوا عليكم كل كلمة شريرة زورًا من أجلي. افرحوا وابتهجوا، لأن أجركم عظيم في السماوات، لأنهم هكذا اضطهدوا الأنبياء الذين كانوا قبلكم.

مفارقة الاضطهاد

الاضطهاد ليس شيئًا نتقبله طبيعيًا، خاصةً عندما يأتي نتيجة للوقوف من أجل الحق. ومع ذلك، في هذه التطويبة الثامنة والأخيرة، يدعو يسوع أولئك الذين يعانون من أجل البر "طوبى". من بين كل التطويبات، قد تكون هذه الأكثر مفارقة وربما الأكثر وقارًا. فهي تدعونا إلى حساب ثمن اتباع المسيح، وفي ذلك نكتشف بركة وأجرًا أعظم من كل ما يمكن أن يقدمه هذا العالم.

الاضطهاد من أجل البر: شهادة معاصرة

أحد الأمثلة المعاصرة القوية لهذه الحقيقة موجود في حياة ووفاة مبشرة معاصرة تدعى كارين واتسون. قبل رحيلها إلى حقل الخدمة، كتبت رسالة إلى قسوسيها بتاريخ ٧ مارس ٢٠٠٣، لتُفتح فقط في حال موتها.

بعد أكثر من عام بقليل، في ١٥ مارس ٢٠٠٤، قُتلت كارين وأربعة آخرون بشكل مأساوي في هجوم. وتعتبر رسالتها شهادة مؤثرة على الإيمان الثابت والطاعة التضحوية.

إليكم بعض كلماتها:

"عندما يدعوك الله، لا يوجد ندم. لم أُدعى إلى مكان، بل دُعيت إليه. أن أطاع كان هدفي، أن أعاني كان متوقعًا، ومجده هو أجري."

واصلت:
"لقد دُعيت لا للراحة أو النجاح، بل للطاعة.... لا توجد فرحة خارج معرفة يسوع وخدمته."

تذكرنا قصة كارين أن المعاناة من أجل البر ليست مجرد مفهوم بعيد في الكتاب المقدس، بل واقع حاضر—يتطلب إيمانًا وشجاعة وأملًا يتجاوز هذه الحياة.

العيش والموت من أجل المسيح

كلماتها "مجده هو أجري" تعكس حياة مُسلَّمة بالكامل للمسيح، وتردد صدى قلب يسوع في آخر تطويبة له. كانت تفهم بوضوح معنى أن تعيش، ليس لنفسها، بل للذي مات وقام.

من بين الكتابات التي طلبت أن تُقرأ في جنازتها كان هذا المقطع: ٢ كورنثوس ٥ : ١٥ — ومات لأجل الجميع، لكي لا يعيش الذين هم أحياء لأنفسهم بل للذي مات لأجلهم وقام.

قصة كارين ليست في النهاية عن الخسارة، بل عن الربح. على الرغم من أنها تخليت عن حياتها الأرضية، إلا أنها نالت الحياة الأبدية في المسيح، تمامًا كما وعد يسوع حين قال: "بإصراركم ستنالون حياتكم" (لوقا ٢١ : ١٩). اليوم، هي تعبُد الذي اتبعته بأمانة، وأجرها ليس في الراحة أو الأمان، بل في فرحة أن تكون معه إلى الأبد.

دعوة لفحص قلوبنا

قصتها تتحدانا للنظر إلى الداخل وطرح أسئلة صادقة على أنفسنا:

* هل نعيش للراحة أم للطاعة؟
* هل نعيش للنجاح أم لمجده؟

هذه الأسئلة تدعونا للتفكير في مكان أولوياتنا الحقيقية، وما إذا كنا مستعدين لاتباع دعوة المسيح مهما كان الثمن.

واقع المعاناة: دعوة كتابية لقبول المعاناة كجزء طبيعي من الحياة المسيحية

الاضطهاد أمر حتمي لأتباع المسيح

في هذه التطويبة الأخيرة، يحذر يسوع بوضوح أن الاضطهاد ليس احتمالًا، بل حتمية لأولئك الذين يعيشون وفق أوامره. لأن أتباعه يعيشون حياة مضادة للثقافة—كما هو موصوف في جميع التطويبات—سوف يواجهون الرفض والمعارضة.

لاحظ أن يسوع لم يقل "إذا" بل "متى" يعيبك الناس، ويضطهدونك، ويقولون عليك زورًا (متى ٥ : ١١). رغم أن شدة وشكل الاضطهاد قد تختلف حسب المكان والظروف، إلا أن المعاناة من أجل البر هي واقع يجب أن يتوقعه كل مؤمن.

تحذيرات صادقة عن الاضطهاد من يسوع

يتحدث يسوع بصراحة عن ثمن اتباعه، مهيئًا تلاميذه ليس للسهولة بل للصبر والتحمل. ويحذر أن العيش وفق أوامره سيثير مقاومة، ليس فقط من العالم من حولنا، بل أيضًا من القوى الروحية المعادية لملكه. هذه الحقيقة قد تكون صعبة القبول، خاصة في السياقات الغربية حيث نادرًا ما يُختبر الإيمان بالمعاناة. ومع ذلك، تبقى المعاناة ضرورية لكل متبع للمسيح.

تأمل كلماته:
متى ١٠ : ٢٢ — ويكرهه الجميع من أجل اسمي.
مرقس ٨ : ٣٤ — من أراد أن يكون تابعًا لي، فلينكر نفسه ويحمل صليبه ويتبعني.
لوقا ١٤ : ٢٧ — ومن لم يحمل صليبه ويتبعني لا يمكن أن يكون تابعًا لي.
يوحنا ١٥ : ٢٠ — ليس العبد أعظم من سيده. إن اضطهدوني، فسيضطهدونكم أيضًا.

تأكيد المعاناة من الرسل

أكد الرسل تحذيرات يسوع، مذكرين المؤمنين أن الشدائد متوقعة:
أعمال ١٤ : ٢٢ — يجب أن نثبت في الشدائد الكثيرة لندخل ملكوت الله.

٢ تيموثاوس ٣ : ١٢ — في الحقيقة، كل من يريد أن يعيش حياة تقية في المسيح يسوع سيُضطهد.

١ بطرس ٤ : ١٢ — أيها الأحباء، لا تتعجبوا من المحنة النارية التي جاءت لاختباركم، كما لو أن شيئًا غريبًا يحدث لكم.

الواقع المستقبلي: المعاناة في الرؤيا

حتى سفر الرؤيا يتوقع معاناة شديدة للمؤمنين في الأيام الأخيرة:

رؤيا ١٣ : ١٠ — إن كان أحد محتجزًا، فسيُحتجز. إن كان أحد سيُقتل بالسيف، فبالسيف سيُقتل.

يذكرنا هذا السفر الأخير من الكتاب المقدس أن الاضطهاد ليس مجرد واقع تاريخي وحاضر، بل سيتصاعد في الأيام القادمة.

رجاء وسط الواقع

على الرغم من أن هذا الواقع يبعث على التأمل، إلا أنه ليس سببًا لليأس. فقد حمل يسوع نفسه الصليب وقدم الآن النعمة بواسطة الروح القدس لمساعدتنا على تحمل المعارضة. فهو مثالنا وقوتنا، ولا نواجه التجارب أبدًا وحدنا—هو معنا ولن يتركنا أبدًا.

الاعتراف بأن الاضطهاد جزء من الحياة المسيحية يهيئنا للثبات والعثور على الشجاعة فيه. لكنه يطرح أيضًا سؤالًا شخصيًا وعميقًا:
لماذا يسمح الله المحب والمالك بالشدائد لأولئك الذين يسيرون في الطاعة؟

الخبر السار هو أن يسوع لم يحذرنا من المعاناة فحسب، بل أعطاها معنى. في القسم التالي، سنستكشف كيف ولماذا يمكن أن تصبح المعاناة من أجل البر، ليست مجرد شيء يُحتمل، بل لها غرض عميق في يد الله.

سبب المعاناة: ماذا يعني أن نعاني من أجل البر

ليست كل المعاناة متشابهة

لا يكتفي يسوع بإخبارنا أن أتباعه سيعانون، بل يوضح أيضًا السبب. في متى ٥ : ١٠، يبارك أولئك الذين "يُضطهدون من أجل البر". وفي الآية ١١، يضيف: "من أجلي".

بمعنى آخر، هذه ليست المعاناة الناتجة عن اختياراتنا الخاطئة أو خطايانا، ولا هي المعاناة العامة التي تأتي من العيش في عالم ساقط (١ بطرس ٤ : ١٥؛ رومية ٨ : ٢٠ـ٢٢). هذه نوع محدد من المعاناة يأتي تحديدًا لأننا اخترنا اتباع يسوع والعيش وفق حقه.

أن نعاني من أجل البر يعني أن نعاني من أجل الطاعة، أن نتحمل العيب لأن حياتنا تعكس نور وشخصية يسوع في عالم يفضل الظلام. ولماذا يثير هذا النوع من الحياة المقاومة؟ لأن الظلام دائمًا يقاوم النور.

شرح يسوع هذا الواقع بنفسه في يوحنا ٣ : ١٩ـ٢٠:
"أحب الناس الظلمة بدل النور لأن أعمالهم كانت شريرة. كل من يفعل الشر يكره النور ولن يأتي إلى النور خوفًا من انكشاف أعماله."

الغاية الأساسية للنور هي كشف ما هو مخفي، وهذا ما يفعله المؤمنون الأوفياء. بمجرد السير في الحق، نكشف الخطية من حولنا. وبسبب ذلك، قد ينتقم العالم، والعدو، وحتى عائلاتنا أحيانًا—وأحيانًا بالقوة.

الأشكال المتعددة للانتقام

يمكن أن يظهر هذا المقاومة للبر بعدة طرق: الإهانات، الاتهامات الكاذبة، القدح، الإقصاء، أو حتى العنف (متى ٥ : ١١). أحيانًا يكون الاضطهاد كلاميًا؛ وأحيانًا اجتماعيًا، عاطفيًا، قانونيًا، أو جسديًا.

لذلك كتب بولس بثقة:
٢ تيموثاوس ٣ : ١٢ — كل من يريد أن يعيش حياة تقية في المسيح يسوع سيُضطهد.

عندما نتبع المسيح بأمانة، نعكر راحة الخطيئة. وجودنا ذاته—كلماتنا، قيمنا، واختياراتنا—يصبح مواجهة هادئة لعالم يرفض حق الله. وعندما يحدث ذلك، غالبًا ما يدفع العالم للرد. أولئك المعارضون للإنجيل سيذهبون بقدر ما يُسمح لهم لإسكات الحق وجعل الحياة مؤلمة قدر الإمكان للذين يعيشون به.

لذلك، الاضطهاد ليس علامة على الفشل بل على الأمانة. إنه يعني أننا نسير في النور نفسه—وفي الطريق نفسه—الذي سار فيه ربنا قبلنا.

الاستجابة للمعاناة: دعوة يسوع المدهشة للفرح في الاضطهاد

عندما نواجه الاضطهاد، كيف يجب أن نرد؟ يعطي يسوع إجابة واضحة ومفاجئة:

متى ٥ : ١٢ — افرحوا وابتهجوا.

نسخة لوقا تضيف حدة أكبر:

لوقا ٦ : ٢٣ — افرحوا في ذلك اليوم واقفزوا فرحًا.

هذا الفرح في المعاناة من أجل المسيح ليس أمرًا لمرة واحدة؛ بل هو موضوع متكرر في جميع أنحاء العهد الجديد.

الفرح الجذري للكنيسة الأولى

عندما جلد الرسل من أجل تبشير يسوع، خرجوا "مبتهجين لأنهم اعتُبروا جديرين بأن يعانوا العار من أجل الاسم" (أعمال ٥ : ٤٠-٤١). لم ينسحبوا خوفًا أو شعورًا بالشفقة على الذات.

بدلاً من ذلك، "يومًا بعد يوم... لم يتوقفوا عن التعليم وإعلان الأخبار السارة أن يسوع هو المسيح" (أعمال ٥ : ٤٢).

واجه بولس وسِيلا اختبارًا مشابهًا. بعد أن "جُردوا وضُربوا بالعصي... وتعرضوا للجلد الشديد"، ألقي بهم في السجن. ومع ذلك، بدلًا من اليأس، "كانوا يصلون ويغنون ترانيم لله" (أعمال ١٦ : ٢٢-٢٥).

تظهر هذه الأمثلة شيئًا مذهلًا: المسيحيون الأوائل لم يتخلوا عن إيمانهم بعد تجربة واحدة أو حتى عدة تجارب مؤلمة. بل بقوا ثابتين—مملوءين بالفرح، حتى في الأغلال.

ونفس الفرح دفع الرسل لحث الآخرين على الاستجابة بنفس الطريقة عند المعاناة من أجل المسيح:

١ بطرس ٤ : ١٣ — افرحوا بما تشاركون في معاناة المسيح.

يعقوب ١ : ٢ — اعتبروا ذلك فرحًا خالصًا... كلما واجهتم تجارب من أنواع كثيرة.

صراعنا المعاصر للفرح

لكن إذا كنا صادقين، غالبًا ما تقصر استجابتنا عن هذا المثال. حتى إهانة صغيرة يمكن أن تثقل كاهلنا لأيام. قد ننسحب ـــ عاطفيًا أو روحيًا ـــ ونشعر أننا دفعنا ثمنًا باهظًا لإخلاصنا للمسيح.

لماذا تؤثر المعارضة الطفيفة علينا بهذه الدرجة؟ غالبًا لأن العالم ما زال يمسك بقوة بقلوبنا أو لأننا لم نأخذ كلمات يسوع بعمق بعد. أحيانًا، الكبرياء يعترض الطريق. ولهذا حتى سماع كلمة "الاضطهاد" قد يربكنا.

لكن يسوع يذكرنا أن الاضطهاد ليس استثنائيًا؛ إنه حتمي لأولئك الذين يعيشون في ملكوته (٢ تيموثاوس ٣ : ١٢). لذا، يجب أن تكون استجابتنا فرحًا عميقًا، بل متحديًا. نعم، قد تأتي المعاناة بالدموع. قد تهزنا. لكنها لا يجب أبدًا أن تسلب الفرح العميق الذي يأتي من معرفة أننا مميزون لتحمل الضربات من أجل الذي حمل الصليب عنا.

هذه هي مفارقة الحياة المسيحية. كما يكتب بولس: نحن "حزينون، لكن دائمًا فرحين" (٢ كورنثوس ٦ : ١٠).

الأجر على تحمل المعاناة: الأبدية مع الله ـــ وعد الملكوت والفرح الدائم مع المسيح

ماذا نكسب في النهاية؟ هل يستحق حقًا السير في طريق مليء بالرفض والألم والاضطهاد ـــ فقط لأننا نتبع يسوع؟

يسوع لا يتجنب هذا السؤال ـــ بل يجيبه مباشرة:
متى ٥ : ١٠ ـــ لهم [ولهم وحدهم] ملكوت السماوات.

"ملكوت السماوات" هو الأجر الموعود لأولئك الذين يعانون من أجل البر. وعندما يضيف يسوع، "أجرُكم عظيم في السماوات" (متى ٥ : ١٢)، فهو يؤكد نفس الحقيقة:
الأجر على تحمل المعاناة ليس أقل من الحياة الأبدية مع الله الثالوث في الملكوت الذي يجهزه يسوع.

هذا ليس مجرد رمز أو استعارة؛ إنه ميراث حقيقي وحرفي للذين ينتمون إلى المسيح. أولئك الذين يظلون أوفياء تحت الاضطهاد سيقيمون يومًا ما في حضرة الآب والابن والروح القدس، يعبدون الذي فداهم بدمه في ملكوته

المجيد. هذا هو الأجر النهائي. هؤلاء هم الطوبى حقًا—الذين يقيم عليهم فضل الله، حتى مع رفض العالم لهم.

في الواقع، بمعنى ما، كل التطويبات تدور حول الحياة في ملكوت الله. لاحظ كيف أن التطويبة الأولى والأخيرة (متى ٥ : ٣ و٥ : ١٠) تنتهي بالعبارة نفسها: "لهم ملكوت السماوات".

هذا التأطير يوضح أن كل ما بينهما يتعلق بالعيش كمواطني ذلك الملكوت —— تجربته الآن جزئيًا ويومًا ما بالكامل عند عودة المسيح.

أنت لست وحدك

لتقوية تلاميذه لهذه الدعوة المكلفة، أضاف يسوع كلمة تشجيع:
متى ٥ : ١١ —— لأنهم هكذا اضطهدوا الأنبياء الذين كانوا قبلكم.

بمعنى آخر، هذا الطريق من المعاناة ليس جديدًا. لقد كان دائمًا طريق شعب الله——من هابيل الذي قُتل على يد أخيه، إلى أنبياء إسرائيل الذين رُفضوا وسُخر منهم واستُشهدوا من أجل قول الحق.

يذكرنا يسوع: أنت لست الأول الذي يعاني من أجل البر، ولن تكون الأخير. أنت تسير على طريق ممهد جيدًا، مليء بخطى الأوفياء عبر تاريخ الخلاص. وأنت لست منسيًا.

هذه التذكرة تجعل الأجر أكثر قيمة. إنه ليس أجرًا نكسبه، بل هدية وعد بها الذي عانى أولًا. الحياة الأبدية مع المسيح——خالية من الخطية والحزن والموت——تستحق كل إهانة، وكل دمعة، وكل تجربة. هذه الحقائق المجيدة القادمة يجب أن تغذي فرحنا، حتى في وسط الألم.

هذا ما غذى فرح بولس حتى وهو يتحمل معاناة أكثر مما يمكن لمعظمنا تخيله (٢ كورنثوس ٦ : ٤-١٠؛ ١١ : ٢٣-٢٩). سرّه؟ كانت عيناه مثبتتين على الأبدية:

رومية ٨ : ١٨ —— أعتبر أن معاناتنا الحالية لا تُقارن بالمجد الذي سيُكشف فينا.
٢ كورنثوس ٤ : ١٧ —— لأن ضيقاتنا الخفيفة والزائلة تحقق لنا مجدًا أبديًا يفوقها جميعًا.

مثل بولس، لتظل أعيننا أيضًا مثبتة على أفراح الأبدية. ولنتحمل المعاناة المؤقتة لهذه الحياة بأمل راسخ، مع العلم أن كل فعل من الأمانة——حتى في الاضطهاد——يتردد صداه في الأبدية.

دعوة للتأمل والتوبة والفرح في المعاناة من أجل المسيح

في ضوء هذا الأجر الأبدي، تدعونا التطويبة الأخيرة ليسوع إلى التوقف والتأمل وفحص كيفية استجابتنا للمعاناة من أجل اسمه.

لنتذكر: تعاليم يسوع في عظة الجبل——بما في ذلك التطويبات——ليست مثاليات راقية للنخبة الروحية. إنها مرآة تُرفع أمام كل تابع للمسيح. وعندما ننظر في تلك المرآة، نرى مدى تقصيرنا. لا يمكننا أن نعيش هذه الحقائق بالكمال—— يسوع وحده فعل ذلك.

لكن هناك بشرى سارة: نحن نُبرر أمام الله بالنعمة وحدها، بالإيمان وحده، بالمسيح وحده. والآن، متحدين بالمسيح بالإيمان، يسكن روحه فينا——مشكلًا إيانا على صورته يومًا بعد يوم.

هذا يعني أن صفات التطويبة هذه ليست فضائل اختيارية أو إضافات روحية؛ بل هي الدليل الحتمي على حياة متغيرة. الحياة التي لمستها رحمة الله ستعكس شخصية ابن الله.

وحيثما تظهر البر الحقيقي، سيتبعها معارضة. سواء في البيت، أو العمل، أو المدرسة، أو في ثقافتنا الأوسع، أولئك الذين يعيشون من أجل المسيح سيواجهون حتمًا مقاومة.

ومع ذلك، فإن الرفض من أجل المسيح ليس علامة على الفشل؛ بل هو علامة على الأمانة. إنه دليل على أننا ننتمي إليه. ولهذا يستطيع يسوع أن يأمرنا بـ "الفرح والابتهاج".

فكل إهانة، وكل سوء فهم، وكل فعل من المعارضة نتحمله من أجل اسمه هو تذكير بأننا اعتُبرنا جديرين بالمشاركة في آلامه، وأن أجرنا في السماء عظيم. وهذا سبب للفرح العظيم.

هدية المعاناة من أجل المسيح

أحد أكبر المفاهيم الخاطئة في الكنيسة اليوم هو الاعتقاد أن الاضطهاد يدل على استياء الله أو غيابه. هذه الكذبة في صميم كثير من الإنجيل الرخائي، الذي يساوي محبة الله بالراحة والنجاح والأمان. لكن الكتاب المقدس يحكي قصة مختلفة جدًا.

فيلبي ١ : ٢٩ — لأنه قد أعطي لكم من أجل المسيح، ليس فقط أن تؤمنوا به، بل أيضًا أن تعانوا من أجله.

كلمة "أعطي" تحمل معنى هديةً كريمةً — نعمة إلهية تُمنح بحرية. بمعنى آخر، الإيمان بالمسيح والمعاناة من أجله كلاهما هدايا من نفس اليد المحبة لله.

هذا يعني أن المعاناة من أجل اسمه ليست عقوبة تُخشى، بل امتياز يجب اعتناقه. من خلالها، يقربنا الله من نفسه، ويصقل إيماننا، ويتيح لنا أن نشارك في آلام مخلصنا.

إذا كنا نشكره على هدية الإيمان بالمسيح، فكيف يمكن أن نستاء من هدية المعاناة من أجل المسيح؟ كلاهما تعبير عن نعمته — واحدة تخلص، والأخرى تقدس.

مثال يسوع

عندما يُهان أو يُرفض من أجل اسمه، نحن مدعوون للاستجابة كما فعل يسوع. يذكرنا بطرس:
١ بطرس ٢ : ٢٣ — وعندما ألقوا عليه إهاناتهم، لم يرد، وعندما عانى، لم يهدد. بل سلّم نفسه للذي يحكم بعدل.

يسوع هو مثالنا، النموذج الكامل للصبر والتحمل. لقد تحمل أكثر بكثير منا لأجلنا. ترك مجد السماء، وتحمل رفض الناس، وعانى تحت غضب الله، ومات مكاننا. إذا كان قد عانى طوعًا ليضمن خلاصنا، أليس من امتياز لنا أن نعاني حتى بأصغر قدر من أجله؟

غياب الاضطهاد: علامة تحذير؟

لكن هذا يثير سؤالًا مهيبًا:
إذا كان الاضطهاد حتميًا لأتباع المسيح الحقيقيين، فلماذا كثيرون ممن يدعون اسمه يواجهون القليل منه أو لا شيء؟

الإجابة ليست أن العالم أصبح أكثر تسامحًا، بل أن حياتنا غالبًا لا تعكس البر الذي وصفه يسوع. ما يراه العالم قد يكون شكلًا من أشكال البرية الذاتية، وليس البر الذي ينتجه الروح في التطويبات.

وأصدر يسوع تحذيرًا صارمًا في ختام عظه:
متى ٧ : ٢١ — ليس كل من يقول لي: "يا رب، يا رب" سيدخل ملكوت السماوات، بل من فعل مشيئة أبي الذي في السماوات.

وما هي مشيئة الآب؟ أن يحمل أولاده علامات الملكوت، الصفات نفسها الموصوفة في التطويبات. الفقراء بالروح، الحزانى على الخطية، الودعاء، الجائعين والعطاش للبر، الرحيمون، النقيّو القلب، صانعي السلام، والمستعدون للمعاناة من أجل اسمه هم المواطنون الحقيقيون لملكوت السماوات.

ضرورة التوبة الحقيقية

إذا لم تتوجه يومًا إلى يسوع طلبًا لمغفرة الخطايا، فالرجاء ألا تؤجل. اليوم هو يوم الخلاص. اعترف بخطيتك، وتب إليه، وتوكل بالكامل على عمله المكتمل على الصليب.

فقط من خلال الإيمان بالمسيح يمكنك أن تنال قلبًا جديدًا وقوة الروح القدس الساكنة فيك——القوة ذاتها التي تمكّنك من أن تعيش حياة متشكلة على صورة التطويبات، بما في ذلك القوة لتحمل المعاناة من أجل اسمه.

سؤال تأملي أخير

لنفحص قلوبنا بصدق:

* هل نُهين، أو سخر منا، أو رُفضنا لأننا نعيش حقًا من أجل يسوع؟
* أم أن معاناتنا بسبب ردود أفعالنا الخاطئة أو اختياراتنا غير الحكيمة؟

إذا كنا نعاني من أجل البر، يخبرنا يسوع أن نفرح ونبتهج، لأن أجرنا عظيم في السماء. لكن إذا جاءت معاناتنا من الخطية أو الكبرياء، فلنعترف بتواضع، ونتب، ونلتمس من الرب أن يشكّلنا لنصبح أشخاصًا يتحملون المعاناة جيدًا—— لأننا نعيش جيدًا، من أجله.

أولئك الذين يعيشون بهذه الطريقة يجدون أن الطاعة للمسيح دائمًا تأتي بثمن، لكنه ثمن يستحق الدفع. وقليل من الحياة توضح هذه الحقيقة بقوة أكثر من القصة الحقيقية لويلام بوردن.

لا احتياطيات

تخرج ويليام بوردن من المدرسة الثانوية في شيكاغو عام ١٩٠٤. وكونه وريثًا لعائلة بوردن للألبان، تلقى هدية تخرج استثنائية: رحلة حول العالم. لكن ما كان مقرَّرًا احتفالًا تحول إلى يقظة روحية.

أثناء سفره في آسيا والشرق الأوسط وأوروبا، أصبح ويليام مثقلًا للغاية من أجل أولئك الذين لم يسمعوا بالإنجيل. كتب إلى أهله معبِّرًا عن رغبته في تكريس حياته لخدمة المسيح كمبشر. صدم قراره الكثيرين. لماذا يترك شخص ذو ثروة وسمعة ومستقبل مضمون كل ذلك؟

لكن ويليام كان قد اتخذ قراره. في ظهر إنجيله كتب كلمتين: **"لا احتياطيات".**

لا تراجعات

بعد عودته، التحق بجامعة ييل. توقع البعض أن تبرد حماسته في الكلية، لكن العكس حدث. بدأ دراسة صغيرة للكتاب المقدس، وبنهاية سنته الأولى، كان ١٥٠ طالبًا يجتمعون لدراسة الكتاب والصلاة. وبنهاية سنته الأخيرة، كان أكثر من ١٠٠٠ من أصل ١٣٠٠ طالب ييل مشتركين في مجموعات التلمذة.

لكن خدمته لم تقتصر على النخبة الجامعية. أسس "مهمة أمل ييل" لخدمة المشردين والأرامل والمدمنين في نيو هافن، كونيتيكت. كثيرًا ما شوهد يخدم في الشوارع، جالسًا مع أولئك الذين نسيتهم المجتمع. قال أحد الزوار من الخارج عند سؤاله عن أكثر ما أعجبه في أمريكا:
"مشهد ذلك المليونير الشاب راكعًا وذراعه حول متشرد في مهمة أمل ييل."

عندما تخرج بوردن، تلقى عروض عمل عالية الأجر كثيرة. رفضها جميعًا. في إنجيله، تحت الإدخال السابق، أضاف كلمتين أخريين: **"لا تراجع".**

لا ندم

دخل بوردن كلية اللاهوت في برينستون، وبعد التخرج أبحر إلى الصين لخدمة المسلمين الذين لم يسمعوا بالإنجيل. في الطريق، توقف في مصر لدراسة العربية. هناك أصيب بالتهاب السحايا الشوكي. خلال شهر، توفي.

كان ويليام بوردن يبلغ من العمر ٢٥ عامًا فقط. بعد وفاته، فتح شخص إنجيله ووجد، تحت العبارات السابقة، إدخالًا أخيرًا: "لا ندم".

كان ويليام بوردن قد حسب الثمن. لقد وضع كل شيء على المذبح. اختار الطاعة بدل الراحة، والاستسلام بدل الأمان، والأبدية بدل النجاح الأرضي. كان يعرف أن المسيح يستحق ذلك.

أولئك الذين يفهمون ثمن فدائهم يفهمون أيضًا هذا:
الحياة التي تُعاش بالكامل من أجل المسيح هي حياة بلا ندم.

اختار ويليام بوردن طريق الاستسلام لأنه عرف الذي فداه.

ماذا عنك؟

هل أنت مستعد لاتباع يسوع حيث يقودك، مهما كان الثمن؟
هل ستعيش بلا احتياطيات، بلا تراجعات، وبلا ندم؟
هل ستحتضن المعاناة، ليس كعقوبة، بل كامتياز؟

لا تُهدر معاناتك.
افرح بها——فالمسيح يستحق ذلك!

آية للحفظ

متى ٥ : ١٠ـ١٢ — طوبى للمضطهدين من أجل البر، لأن لهم ملكوت السماوات. طوبى لكم متى عابكم الناس واضطهدوكم وقالوا عليكم كل كلمة شريرة زورًا من أجلي. افرحوا وابتهجوا، لأن أجركم عظيم في السماوات، لأنهم هكذا اضطهدوا الأنبياء الذين كانوا قبلكم.

صلاة

يا رب يسوع، ساعدني أن أعيش بلا احتياطيات، بلا تراجعات، وبلا ندم——
مهما كان الثمن. شكرًا لأنني عندما أعاني الاضطهاد من أجل اسمك يمكنني

أن أفرح لأنني أُعد بين الذين اشتروا وفديتهم بدمك. ذكّرني أن المعاناة من أجلك هي هدية، قوّي ثقتي، وعلّمني الاعتماد عليك، آمين.

أسئلة للمناقشة

1. كيف يمكن أن نعرف إذا كنا نعاني من أجل يسوع أم فقط نواجه عواقب أخطائنا الخاصة؟

2. يقول يسوع أن الاضطهاد سيأتي بالتأكيد (متى لا إذا). كيف يؤثر الاعتراف بهذا الواقع على حياتك اليومية وشهادتك كمسيحي؟

3. هل واجهت يومًا انتقادًا أو رفضًا بسبب إيمانك؟ كيف أثر ذلك عليك؟

4. ما دور وعد ملكوت السماوات في مساعدة المؤمنين على تحمل التجارب والاضطهاد؟

5. عاش ويليام بوردن بالشعار "لا احتياطيات، لا تراجعات، لا ندم". كيف يتحداك مثاله أن تعيش أكثر جرأة من أجل المسيح، حتى لو كلفك شيئًا؟

الخاتمة

شكرًا لك

شكرًا لك على تخصيص الوقت للرحلة عبر هذا الكتاب. لا أعتبر وقتك أو اهتمامك أمرًا مفروغًا منه، وأصلي أن ما قرأته لم يثر عقلك فحسب، بل أيضًا قلبك.

تدعونا التطويبات إلى أسلوب حياة مختلف جذريًا، مضاد للثقافة، حياة تبدو مقلوبة بالنسبة للعالم لكنها صحيحة في ملكوت الله. هذا النداء ليس اختياريًا للتابع للمسيح؛ بل هو شكل الحياة التي يدعونا إليها.

ومع أننا مدعوون للعيش بهذه الطريقة، فلنتذكر أبدًا: يسوع نفسه عاشها بالكمال. لقد جسّد كل تطويبة بلا عيب. من خلال حياته وموته وقيامته، ضمن لنا ما لم نستطع أن نكسبه بأنفسنا. سعينا وراء هذا الأسلوب من الحياة ليس محاولة لكسب محبته، بل دائمًا استجابة ممتنة لها—فيض من الثقة والامتنان والفرح في عمله المكتمل.

لذا، استرح في كماله. اجعل طاعته هي ثقتك. ومن ذلك المكان من الراحة، ساعٍ وراء الحياة التي دعاك إليها— معزَّز بقوته ومحفَّز بمحبته

نعمة وسلامًا لك وأنت تمشي معه.

عن المؤلف

أنا خاطئ خُصِّص للخلاص فقط بفضل نعمة ربنا يسوع المسيح.
أتيت من خلفية هندوسية أرثوذكسية برهمية (هندية). أنقذني الرب أساسًا من خلال الشهادة المحبة، الأمينة والمثابرة لصديق مسيحي، فيجاي، كان هندوسيًا سابقًا وتحوّل بلطف إلى المسيح، وأيضًا من خلال قراءة إنجيل وُضع على بابي من قبل شخص مجهول أثناء دراستي في تكساس، الولايات المتحدة الأمريكية، في الوقت نفسه.

آية واحدة، على وجه الخصوص، أثرت فيَّ بعمق وأقابلتني وجهًا لوجه مع المخلّص: "أنا الراعي الصالح. الراعي الصالح يبذل نفسه عن الخراف" (يوحنا ١٠ : ١١). أساسًا من خلال تلك الآية وغيرها الكثير، فتح الروح القدس قلبي على حقيقة الراعي والمخلّص الرحيم—الرب يسوع المسيح—وقاد هذا الخاطئ المتمرد إلى علاقة خلاصية معه.

أنا متزوج من جيثا، ونحن مباركون بطفلين بالغين متزوجين: بول (متزوج من كايتلين) وبريثي (متزوجة من جاكوب). بفضل الله، يعرف الجميع ويتبع الرب، وهي هدية ثمينة لا نأخذها أبدًا كأمر مفروغ منه.

منذ عام ٢٠٠٣، كان لي الفرح الكبير وامتياز خدمة كنيسة جريس بايبل في وندسور، أونتاريو. هذه العائلة الكنسية المحبة سارت معي عبر مواسم عديدة من الحياة—بما في ذلك أوقات تحديات صحية شخصية مكثفة—بحب ثابت ودعم بالصلاة. كان لهم أن هذه التطويبات قُدمت لأول مرة كسلسلة عظات عام ٢٠١٩. لقد كانوا مصدر تشجيع ونعمة مستمر.

لمزيد من التفاصيل عني يمكن العثور عليها على:

https://arabic.biblebasedhope.com/

نسخة الكترونية مجانية من هذا الكتاب متاحة أيضًا على المواقع المذكورة أعلاه

إذا كان لديك أي أسئلة أو ملاحظات——سواء عن هذا الكتاب أو الكتاب المقدس بشكل عام——فسيكون لي شرف الاستماع منك. لا تتردد في التواصل. وأنا أيضًا مدرك تمامًا لحدودي وأسعى باستمرار للنمو في فهم كلمة الله.

يمكنك الحصول على هذا والعديد من الموارد الجيدة الأخرى التي توفرها **Proclaim Publishers** عن طريق التواصل مع:

ويب:
proclaimpublishers.com

البريد الإلكتروني:
info@proclaimpublishers.com

البريد العادي:
1317 Edgewater Drive, Suite 4774
Orlando, FL, 32804

S O L I D E O G L O R I A